Alexander S. Kaufmann

SEELENSTREICHLER
für Herz & Verstand

ALEXANDER S. KAUFMANN

SEELENSTREICHLER
für
Herz & Verstand

101 motivierende Geschichten
für mehr Inspiration,
Wachstum und Liebe

JÜRGEN HÖLLER
ACADEMY

Jürgen Höller Academy KG
Carl-Benz-Straße 13
97424 Schweinfurt
Telefon   +49 9721 5387 0
E-Mail   info@juergenhoeller.com
Internet   www.juergenhoeller.com

Besuchen Sie uns auf [f] oder You[Tube]

Druckabwicklung: Himmer GmbH · Druckerei & Verlag
Steinerne Furt 95, 86167 Augsburg
Printed in Germany

ISBN 978-3-95838-140-7

Danke

Dieses Buch ist meiner Oma gewidmet,
die mir zeit ihres Lebens ein Beweis für Fröhlichkeit
und Glück war.

Es ist ebenso (m)einem Praktikanten gewidmet,
der Auslöser dieses Buches war und
mir bewusst machte, dass jeder sich mit
seinem Glück befassen sollte.

Es ist auch Anna Bálint gewidmet,
die mir für das Schreiben dieses Buches ihr Haus
am Balaton zur Verfügung stellte.

Es ist ebenfalls all meinen Seminarteilnehmern gewidmet;
Ihr seid alle meine tägliche
Inspiration und Motivation zum Glück!

Es ist auch der Jürgen Höller Stiftung gewidmet,
denn Kindern gehört die Zukunft.

Mein Dank gilt auch meiner lieben Frau Judith und
meiner süßen Tochter Aurelia – dafür, dass ihr
mir so viel Freiraum für die Kreativität gebt und damit
auf viel gemeinsame Zeit verzichtet!

Inhalt

Vorwort

Liebe Leserinnen, liebe Leser,

als mich Alexander fragte, ob ich das Vorwort für sein Buch schreiben möchte, nahm ich sein Angebot mit Freuden an. Ich kenne Alexander nun schon viele Jahre. Ich weiß noch ganz genau, wie er eines Tages in meiner Train the Trainer Ausbildung saß, schon viele Jahre im Markt, höchst begeistert. Und dennoch war er einer derjenigen, die jeden Augenblick im Seminar alles aufsaugten, was ich sagte. Und er hörte nicht nur zu – er setzte gewissenhaft um.

Und es sind genau diese drei Punkte, warum ich Alexander so gerne empfehle:

1. Er beschäftigt sich seit seinem 15. Lebensjahr mit den Themen, die er an seine Kunden weitergibt. Das heißt, er besitzt eine 35jährige Phase, in der er nicht nur permanent weiter lernte, sondern auch durch das erworbene Wissen viele Erfahrungen machte. Und diese Lebenserfahrung, in Verbindung mit seinem ungeheuren Wissensschatz, macht ihn so einmalig.
2. Er ist ein Umsetzer! Er lernt nicht nur die theoretischen Inhalte, spricht darüber – er setzt sie um und lebt sie vor! Das macht ihn so authentisch. Das macht ihn so praxisnah. Wenn Alexander etwas empfiehlt, dann kann man sicher sein, dass es aus auch in der Realität funktioniert.

3. Alexander ist herzlich und sympathisch. Sein großer Erfolg hat ihn nicht abheben lassen, sondern er nimmt sich für jeden Kunden Zeit. Er hat für jeden ein offenes Ohr und er liebt einfach die Menschen.

Mit diesem Buch setzt er einen Meilenstein im Bereich der Persönlichkeitsentwicklung. Und ich kann nur jedem empfehlen, dieses Buch genauestens zu lesen – und dann die Inhalte genauso umzusetzen, wie es Alexander empfiehlt. Ich wünsche ganz viel Freude beim Lesen.

Jürgen Höller
Motivations- und Erfolgstrainer

Einführung

Meine Oma pflegte immer einen kindlichen, naiven, aber äußerst wirkungsvollen Satz zu sagen, der mir half, bei traurigen oder negativen Stimmungen sofort meine Mundwinkel nach oben zu heben: »*Ich bin froh und heiter, Glück ist mein ständiger Begleiter!*« Herrlich einfach und doch höchst effektiv. Ich lächelte sofort von innen heraus und fühlte mich dabei gleich besser. Dieser banale Vers arbeitet mit Bildern und meinen Gefühlen, die beim inneren Betrachten dieser Bilder entstehen. Bilder, die mich glücklicher machten, mein Unterbewusstsein mit Fröhlichkeit überfluteten und so den Tag zu einem guten Tag werden ließen.

Sie sagte auch immer, dass man mit einem Lächeln fröhlicher durch den Tag kommt, dass man morgens schon mit einem strahlenden Blick in den Spiegel starten sollte. So trainierte ich jeden Tag ein echtes Lächeln, das von innen heraus kam, erheiterte meinen Tag mit positiven Geschichten, Metaphern, Zitaten und Gleichnissen.

Ein alter Cherokee-Häuptling erzählte eines Abends seinem Enkel am Lagerfeuer: »Mein Sohn, der Kampf zwischen zwei Wölfen tobt in jedem von uns. Einer ist böse. Es ist Ärger, Neid, Eifersucht, Sorge, Bedauern, Gier, Arroganz, Selbstmitleid, Schuld, Missgunst, Minderwertigkeit, Lügen, falscher Stolz und Egoismus. Der andere ist gut. Er ist Freude, Frieden, Liebe, Hoffnung, Gelassenheit, Demut, Güte, Wohlwollen, Mitgefühl, Großzügigkeit, Wahrheit und Glaube.« Der Enkel dachte eine Minute darüber nach und fragte seinen Großvater dann: »Und welcher Wolf gewinnt?« Der alte, weise Cherokee antwortete: »Den, den du fütterst!«

Deshalb füttere auch Du Dein Unterbewusstsein täglich mit positiven, aufbauenden, motivierenden und optimistischen Gedanken. Lächele täglich, wann immer Du kannst, auch wenn man es nicht sieht, wie zum Beispiel am Telefon. Wer am Telefon lächelt, trimmt seine Stimme freundlicher und gewinnt an Sympathie. Lächeln ist ansteckend, Lächeln macht glücklich, fröhlich. Ein Lächeln belohnt den ganzen Körper, da Du mit Deinen Wangenmuskeln eine Botschaft direkt in Dein Zwischenhirn sendest und dort ein Wohlgefühl auslöst. Wer lächelt, fühlt sich besser. Das meinte meine Oma mit diesem Satz: »*Ich bin froh und heiter, Glück ist mein ständiger Begleiter!*« Nur echt muss es sein, denn ein Lächeln ohne Gefühl mag andere täuschen – die eigene Seele nie!

Deshalb habe ich über Jahrzehnte Geschichten, Gedichte und Zitate gesammelt, um mich stets positiv zu halten, meine Stimmung auf einem gleichbleibenden Hoch zu halten, auch in Zeiten, wo Lächeln manchmal schwerfällt.

Dieses Buch soll Dir helfen, in allen Lebenslagen lächelnd zu gewinnen, Dich zu mehr Inspiration, Motivation, persönlichem Wachstum und Liebe zu führen. Auslöser für dieses Buch war ein 16-jähriger Praktikant in unserem Institut, der mich im April 2010 für zwei Wochen auf Schritt und Tritt begleitete und so meinen Arbeitsalltag live miterlebte. Von ihm handelt auch die erste Geschichte »*Mein geilster Tag im Leben!*«.

Genieße die motivierenden, aufbauenden, optimistischen und inspirierenden Geschichten. Vor allem, schaue jeden Tag in den Spiegel (und auch in dieses Buch) und lächle: Denn – wer lächelt, siegt!

Dein
Alexander S. Kaufmann

Mein geilster Tag im Leben!

Der Tag fing an mit einem nervenden Weckton aus meinem Handy, und ich dachte mir nur: »Mist, du bist doch gerade erst ins Bett!« Doch auch der Blick auf sämtliche Uhren nutzte nichts, es war 4.30 Uhr, ich musste raus und unter die Dusche, damit ich rechtzeitig fertig wurde.

Nach einer ordentlichen Dusche, die den Körper so halbwegs in Fahrt brachte, ging ich erst einmal frühstücken und trank einen Kaffee, der mir ein bisschen Leben einhauchte. Dann zog ich mich an, quetschte den obersten Knopf meines Hemdes zu und band die Krawatte. Ich ging nach unten und dort stand schon Alex, der mich abholte.

Der Alex ist schon ein »komischer Kauz«, er hört sich im Auto nur Hörbücher an, um sein Unterbewusstsein positiv zu beeinflussen und sein Wissen zu erweitern. Und wenn er mal kein Hörbuch hört, dann telefoniert er. Ich dagegen hörte mir mit den Kopfhörern Musik an und döste vor mich hin, bis wir in Stuttgart angekommen waren.

Als wir vor dem Mercure Hotel vorfuhren, war mein erster Satz: »Boaaa Alex, schau mal da, ein Jaguar!« Alex meinte darauf, das sei das Auto des Chefs und wenn ich »brav« sei, dürfe ich bestimmt mal mit ihm fahren. Als wir dann so circa die Hälfte der Anzugträger begrüßt hatten, die draußen in der herrlichen Frühlingssonne herumstanden, hörte ich den »geilen« Sound eines Wagens, welcher kurz darauf um die Ecke bretterte: »Boaaa Alex, schau mal, ein Maserati Cabrio!« Der Fahrer kam, nachdem er ausgestiegen war, zu Alex und mir und begrüßte uns.

Kurze Zeit später begann das Seminar, welches mit einer kurzen Ansprache des Jaguarfahrers und des Maseratimenschen eingeleitet wurde. In dem Seminar gab es zwei sogenannte »Telefonpartys« und eine Mittagspause. Am Ende des Seminars, also nach der zweiten Telefonparty, begann sozusagen der Tag für mich erst richtig. Denn als Alex die letzten Worte sprach, erzählte er der Menge von 80 Leuten, dass ich letzten Donnerstag ein Lebensmotto für mich ausgearbeitet hätte, dass er richtig »geil« fand, und wenn ich wolle, solle ich nach vorne kommen und es vortragen. Dies tat ich auch und wurde mit einem mächtigen Applaus nach vorne getrieben, welcher mir eine Gänsehaut aufzauberte.

Als ich dann vor den 80 Seminarteilnehmern stand und in die Menge blickte, breitete sich in mir ein seltsames Gefühl aus, welches ich bis dahin noch nicht zuordnen konnte. Alex erzählte dann noch, dass ich so ein bisschen wie er sei, als er so alt war wie ich jetzt. Damals nahm er auch an einem Seminar teil und fragte den Seminarleiter die ganzen zwei Tage »Löcher in den Bauch« und wurde dann zum Schluss auch auf die Bühne geholt. Dann erwähnte er noch, was für eine großartige Leistung es sei, dass ich hier mit 16 Jahren vor den rund 80 Menschen stehe, und ich wurde noch einmal mit einem donnernden Applaus begrüßt.

Dann durfte ich mein Lebensmotto vortragen. Als ich damit fertig war, fingen wieder alle an zu klatschen, und dann habe ich so ein bisschen kapiert, was das für ein Gefühl war, so ein kleiner Hauch von Stolz. Denn als ich so in die Menge schaute und die zwei Männer sah, der mit dem Jaguar und der mit dem Maserati, die mir beide begeistert applaudierten, begriff ich, dass sie das gut fanden, was ich so von mir gab. Und als ich dann aus meiner Gedankenwelt zurück in die wirkliche Welt kam und die Menge klatschen hörte, hatte ich auf einmal das Gefühl, als ob ich bei einem Triathlon durch meine Fankurve laufen würde und kurz vor dem Ziel wäre. Ich klatschte die hochgehaltene Hand des Jaguarmenschen ab, und dieser meinte nur:»GEIL!«

Und so machte ich mir meine Gedanken, als ich wieder auf meinem Platz saß, Gedanken, wie ich sie mir noch nie gemacht habe, und dieses Gefühl möchte ich nicht nur beim Sport haben, sondern auch in der Berufswelt. Erfolg!!!

Als das Seminar zu Ende war, packte mich der Maseratimensch und nahm mich mit seinem Maserati auf eine kleine Spritztour mit. In mir bekam der Glücksballon, welcher nach meinem kleinen Auftritt beim Seminar schon fast zum Platzen angeschwollen war, noch einen weiteren Schub und vergrößerte sich noch einmal. Allein das Gefühl, in so einem Auto zu sitzen, war überwältigend, und mein Herz begann zu rasen.

Der Typ öffnete das Dach und startete den Achtzylindermotor.»Wröööööööööööm« machte es aus den zwei Doppelauspuffrohren, und laut wummernd lenkte er sein Schätzchen aus der Parklücke. Normalerweise ist Autofahren im Straßenverkehr eher eine langweilige Angelegenheit, doch ich saß in einem 400 PS-Auto, und diese»Pferdchen« hörte ich bei jedem Gasgeben. In diesem wunderbaren Moment, als es mich in den Schalensitz presste, dachte ich mir nur: Wie geil ist dieser Moment eigentlich. Ich will auch etwas machen, was mich erfolgreich macht. Ich will auch so ein Auto fahren können und erfolgreich sein! Von diesem Moment an war ich so motiviert und hatte auf einmal eine ganz klare Vorstellung von meinem Leben und was ich erreichen wollte. Ich war so was von motiviert und hatte plötzlichen den Drang, aus mir und meinem Leben ein Meisterwerk zu machen. Als wir auf dem Heimweg waren, erläuterte ich Alex bis ins kleinste Detail, wie ich vorgehen will. Ich glaube, ich kaute Alex während der zweieinhalbstündigen Fahrt die Ohren komplett ab. Ich war saucool drauf. Wir unterhielten uns über den weiteren Wochenablauf meines Praktikums in Alex' Institut und auch darüber hinaus, denn Alex will mich bei meinem Vorhaben voll unterstützen.

Als ich zu Hause war, wusste ich einfach nicht, wie ich Alex für diesen geilen Tag danken konnte. Meine Eltern waren auch ganz begeistert, als ich ihnen von diesem Tag erzählte, meinten aber, ich solle es erst einmal umsetzen. So schlüpfte ich in meinen Jogginganzug und begann dann einen kleinen Versuch, mich bei Alex zu revanchieren. Ich backte einen Mohnkuchen, da Alex Mohnkuchen liebt. Diesen wollte ich ihm am nächsten Tag gleich mitbringen. Ich versuchte so viel Freude und Liebe in diesen Kuchen zu stecken, wie ich nur konnte. Und weil ich so motiviert war und nicht schlafen konnte, als der Kuchen dann fertig war, ließ ich diesen Tag noch einmal Revue passieren, indem ich »meinen geilsten Tag im Leben« aufschrieb.

Als ich dann im Bett lag, schlief ich selig ein und träumte von meinem eigenen Maserati und hörte nur noch ein lautes »Wrööööööööööm«, als ich offen davonfuhr ...

(von Sydney-Steven Büttner, 16-jähriger Praktikant
im Kaufmann Institut im April 2010)

Der richtige Umgang mit der Zeit

Eines Tages wurde ein alter Professor der französischen nationalen Schule für Verwaltung (ENA) gebeten, für eine Gruppe von etwa 15 Chefs großer nordamerikanischer Unternehmen eine Vorlesung über sinnvolle Zeitplanung zu halten. Dieser Kurs war einer von fünf Stationen ihres eintägigen Lehrgangs. Der Professor hatte daher nur eine Stunde Zeit, sein Wissen zu vermitteln. Zuerst betrachtete der Professor in aller Ruhe einen nach dem anderen dieser Elitetruppe, sie waren bereit, alles, was der Fachmann ihnen beibringen wollte, gewissenhaft zu notieren. Danach verkündigte der Professor: »Wir werden ein kleines Experiment durchführen.«

Er zog einen großen Glaskrug unter seinem Pult hervor und stellte ihn vorsichtig vor sich hin. Dann holte er etwa ein Dutzend Kieselsteine, etwa so groß wie Tennisbälle, hervor und legte sie sorgfältig einen nach dem anderen in den großen Krug. Als der Krug bis an den Rand voll war und kein weiterer Kieselstein mehr darin Platz hatte, blickte er langsam auf und fragte seine Schüler: »Ist der Krug voll?« – und alle antworteten: »JA!«

Er wartete ein paar Sekunden ab und fragte seine Schüler: »Wirklich?« Dann verschwand er erneut unter dem Tisch und holte einen mit Kies gefüllten Becher hervor. Sorgfältig verteilte er den Kies über die großen Kieselsteine und rührte dann leicht um. Der Kies verteilte sich zwischen den großen Kieselsteinen bis auf den Boden des Kruges. Der Professor blickte erneut auf und fragte sein Publikum: »Ist dieser Krug voll?«

Dieses Mal begannen seine schlauen Schüler seine Darbietung zu verstehen. Einer von ihnen antwortete:»Wahrscheinlich nicht.«

»Gut«, antwortete der Professor. Er verschwand wieder unter seinem Pult, und diesmal holte er einen Eimer Sand hervor. Vorsichtig kippte er den Sand in den Krug. Der Sand füllte die Räume zwischen den großen Kieselsteinen und dem Kies aus. Wieder fragte er:»Ist das Gefäß jetzt voll?«

Dieses Mal antworteten seine Schüler ohne zu zögern im Chor:»Nein!«

»Gut«, sagte der Professor. Und als hätten seine Schüler nur darauf gewartet, nahm er die Wasserkanne, die unter seinem Pult stand, und füllte den Krug bis an den Rand. Dann blickte er auf und fragte:»Was können wir Wichtiges aus diesem Experiment lernen?«

Der kühnste unter seinen Schülern – nicht dumm – dachte an das Thema der Vorlesung und antwortete:»Daraus lernen wir, dass selbst, wenn wir denken, dass unser Zeitplan schon bis zum Rand voll ist, wenn wir es wirklich wollen, wir immer noch einen Termin oder andere Dinge einschieben können.«

»Nein«, antwortete der Professor,»darum geht es nicht. Was wir wirklich aus diesem Experiment lernen können, ist Folgendes: Wenn man die großen Kieselsteine nicht als Erstes in den Krug legt, werden sie später niemals alle hineinpassen.«

Es folgte ein Moment des Schweigens. Jedem wurde bewusst, wie sehr der Professor Recht hatte. Dann fragte er:»Was sind in eurem Leben die großen Kieselsteine? Eure Gesundheit, eure Familie, eure Freunde, der Beruf, die

Finanzen, die Realisierung eurer Träume, das zu tun, was euch Spaß macht, dazulernen, eine Sache zu verteidigen, Entspannung, sich Zeit nehmen oder etwas ganz anderes? Wirklich wichtig ist, dass man die großen Kieselsteine in seinem Leben an die erste Stelle setzt. Wenn nicht, läuft man Gefahr, es nicht zu meistern, sein Leben. Wenn man zuallererst auf Kleinigkeiten achtet, den Kies, den Sand, das Wasser, verbringt man sein Leben mit Kleinigkeiten und hat nicht mehr genug Zeit für die wichtigen Dinge. Deshalb vergesst nicht, euch selbst die Frage zu stellen: Was sind die großen Kieselsteine in meinem Leben? Dann legt diese zuerst in den Krug!«

Mit einem freundlichen Wink und einem Lächeln auf den Lippen verabschiedete sich der alte Professor von seinem Publikum und verließ langsam den Saal.

(unbekannter Verfasser)

Zwillinge in der Gebärmutter

Zwillinge in der Gebärmutter unterhalten sich.

»Glaubst du eigentlich an ein Leben nach der Geburt?«

»Ja, das gibt es. Unser Leben hier ist nur dazu gedacht, dass wir wachsen und uns auf das Leben nach der Geburt vorbereiten, damit wir stark genug sind für das, was uns erwartet.«

»Blödsinn, das gibt es doch nicht. Wie soll denn das überhaupt aussehen, ein Leben nach der Geburt?«

»Das weiß ich auch nicht so genau. Aber es wird sicher heller als hier sein. Und vielleicht werden wir herumlaufen und mit dem Mund essen.«

»So ein Unsinn! Herumlaufen, das geht doch gar nicht. Und mit dem Mund essen, so eine komische Idee! Es gibt doch eine Nabelschnur, die uns ernährt, und die ist ja jetzt schon zu kurz zum Herumlaufen.«

»Doch, es geht ganz bestimmt. Es wird eben alles nur ein bisschen anders!«

»Es ist noch nie einer zurückgekommen von ›nach der Geburt‹. Mit der Geburt ist das Leben zu Ende, danach ist alles dunkel und Quälerei.«

»Auch wenn ich nicht genau weiß, wie das Leben nach der Geburt aussieht, jedenfalls werden wir dann unsere Mutter sehen und sie wird für uns sorgen.«

»Mutter? Du glaubst an eine Mutter? Wo ist sie denn bitte?«

»Na hier, überall um uns herum. Wir sind und leben in ihr und durch sie. Ohne sie können wir gar nicht sein.«

»Quatsch! Von einer Mutter habe ich noch nie etwas bemerkt, also gibt es sie auch nicht!«

»Doch manchmal, wenn wir ganz still sind, kannst du sie singen hören. Oder spüren, wenn sie unsere Welt streichelt ...«

(von Henri Nouwen)

Gibt es einen Weihnachtsmann?

Die achtjährige Virginia aus New York wollte es ganz genau wissen. Darum schrieb sie an die Tageszeitung *Sun* einen Brief:

»Ich bin acht Jahre alt. Einige von meinen Freunden sagen, es gibt keinen Weihnachtsmann. Papa sagt, was in der *Sun* steht, ist immer wahr. Bitte, sagen Sie mir: Gibt es einen Weihnachtsmann?«

Die Sache war dem Chefredakteur Francis P. Church so wichtig, dass er selber antwortete – auf der Titelseite der *Sun*:

»Virginia, deine kleinen Freunde haben nicht Recht. Sie glauben nur, was sie sehen; sie glauben, dass es nicht geben kann, was sie mit ihrem kleinen Geist nicht erfassen können. Aller Menschengeist ist klein, ob er nun einem Erwachsenen oder einem Kind gehört. Im Weltall verliert er sich wie ein winziges Insekt.

Ja, Virginia, es gibt einen Weihnachtsmann. Es gibt ihn so gewiss wie die Liebe und Großherzigkeit und Treue. Weil es all das gibt, kann unser Leben schön und heiter sein. Wie dunkel wäre die Welt, wenn es keinen Weihnachtsmann gäbe! Es gäbe dann auch keine Virginia, keinen Glauben, keine Poesie – gar nichts, was das Leben erst erträglich machte. Ein Flackerrest an sichtbarem Schönen bliebe übrig. Aber das Licht der Kindheit, das die Welt ausstrahlt, müsste verlöschen. Es gibt einen Weihnachtsmann, sonst könntest du auch den Märchen nicht glauben.

Gewiss, du könntest deinen Papa bitten, er solle am Heiligen Abend Leute ausschicken, den Weihnachtsmann zu fangen. Und keiner von ihnen bekäme den Weihnachtsmann zu Gesicht – was würde das beweisen? Kein Mensch sieht ihn einfach so. Das beweist gar nichts. Die wichtigsten Dinge bleiben meistens unsichtbar. Die Elfen zum Beispiel, wenn sie auf Mondwiesen tanzen. Trotzdem gibt es sie. All die Wunder zu denken – geschweige denn sie zu sehen –, das vermag nicht der Klügste auf der Welt. Was du auch siehst, du siehst nie alles. Du kannst ein Kaleidoskop aufbrechen und nach den schönsten Farbfiguren suchen. Du wirst einige bunte Scherben finden, nichts weiter. Warum? Weil es einen Schleier gibt, der die wahre Welt verhüllt, einen Schleier, den nicht einmal die Gewalt auf der Welt zerreißen kann. Nur Glaube und Poesie und Liebe können ihn lüften. Dann werden die Schönheit und Herrlichkeit dahinter zu erkennen sein.

›Ist das denn auch wahr?‹, kannst du fragen. Virginia, nichts auf der ganzen Welt ist wahrer und nichts beständiger. Der Weihnachtsmann lebt und er wird ewig leben. Sogar in zehn Mal zehntausend Jahren wird er da sein, um Kinder wie dich und jedes offene Herz mit Freude zu erfüllen. Frohe Weihnacht, Virginia.«

(Der Briefwechsel zwischen Virginia O'Hanlon und Francis P. Church stammt aus dem Jahr 1897. Er wurde über ein halbes Jahrhundert – bis zur Einstellung der »Sun« im Jahre 1950 – alle Jahre wieder zur Weihnachtszeit auf der Titelseite der Zeitung abgedruckt.)

Leerer Tank

Ein Mann blieb auf der Straße mit seinem Wagen liegen, da sein Benzintank leer war und er vergessen hatte, diesen rechtzeitig aufzufüllen.

So stieg er aus, nahm seinen Benzinkanister und suchte in der Nähe nach einem Haus, wo er vielleicht etwas Benzin haben könnte. Auf dem Weg dahin machte er sich so manche Gedanken: Wenn ich jetzt einen antreffe und dieser mir Benzin geben könnte, verlangt er bestimmt den doppelten Preis. Ist ja das Geschäft seines Lebens! Nein, von solch einem Halsabschneider werde ich kein Benzin kaufen. Vielleicht zeigt dieser mich ja auch an, wenn ich ihm erzähle, dass ich auf der Straße liegen geblieben bin. Solche Typen soll es ja geben. Vielleicht fühlt er sich ja auch belästigt und wird handgreiflich. Nicht auszudenken, was alles so passieren kann.

Schließlich gelangt der Mann an eine Haustür und klopft dort an. Die Tür macht ein sympathischer, älterer Herr auf, der gerne helfen möchte. Bevor dieser jedoch etwas sagen kann, brüllt der Mann den Älteren an: »Sie können Ihr Benzin behalten. Ich kaufe kein Benzin von Halsabschneidern, die mich auch noch bei der Polizei anzeigen, nur weil ich auf der Straße mit meinem Auto liegen geblieben bin. Bleiben Sie doch, wo der Pfeffer wächst!«

Er dreht sich um und geht unverrichteter Dinge zu seinem Auto zurück – ohne einen Tropfen Benzin.

(unbekannter Verfasser)

Die drei Siebe der Wahrheit

Eines Tages kam ein Bekannter zum griechischen Philosophen Sokrates.

»Höre Sokrates, ich muss dir berichten wie dein Freund ...«

»Halt ein!«, unterbrach ihn Sokrates. »Hast du das, was du mir sagen willst, durch drei Siebe gesiebt?«

»Drei Siebe? Welche?«, fragte der andere verwundert.

»Ja, drei Siebe! Das erste ist das Sieb der Wahrheit. Hast du das, was du mir berichten willst, geprüft, ob es auch wahr ist?«

»Nein, ich hörte es erzählen, und ...«

»Nun, so hast du sicher mit dem zweiten Sieb der Güte geprüft. Ist das, was du mir erzählen willst – wenn es schon nicht wahr ist –, wenigstens gut?«

Der andere zögerte. »Nein, das ist es eigentlich nicht. Im Gegenteil ...«

»Nun«, unterbrach ihn wieder der Philosoph, »so wollen wir noch das dritte Sieb nehmen und uns fragen, ob es notwendig ist, mir das zu erzählen, was dich so zu erregen scheint.«

»Notwendig gerade nicht ...«

»Also«, lächelte der Weise, »wenn das, was du mir eben sagen wolltest, weder wahr noch gut, noch notwendig ist, so lass es begraben sein und belaste weder dich noch mich damit.«

(unbekannter Verfasser)

Gerüchte streuen

»Ich werde es bestimmt nie wieder tun«, versprach der Nachbar. »Ich nehme alles zurück, was ich über Euch erzählt habe.«

Der Bauer sah den anderen ernst an. »Ich habe keinen Grund, meinen Nachbarn in ein Unglück zu stürzen«, erwiderte er, »jedoch verlangt jede böse Tat ihre Sühne.« »Ich bin gern zu allem bereit!«

Der Bauer erhob sich, ging in den Stall und kam mit einem geschlachteten Hahn zurück. »Tragt diesen Hahn in Euer Haus, das hundert Schritte von meinem steht«, sagte er, »dann kommt langsam wieder zurück und rupft den Hahn unterwegs. Eine Feder nach rechts, und eine Feder nach links werfend. Dies ist der Sühne erster Teil.«

Der Nachbar tat, wie ihm geheißen. Als er wieder vor dem Bauern stand und ihm den gerupften Hahn gab, fragte er: »Und der zweite Teil meiner Buße?« »Geht jetzt den Weg wieder zurück in Euer Haus und sammelt alle Federn wieder ein!« Der Nachbar stammelte verwirrt: »Ich kann doch die Federn unmöglich wieder einsammeln! Ich streute sie wahllos aus, warf eine hierhin und eine dorthin. Inzwischen hat der Wind sie längst in alle Himmelsrichtungen getragen! Wie könnte ich sie alle wieder einfangen?«

Der Bauer nickte ernst: »Dies wollte ich nur hören! Genauso ist es mit der üblen Nachrede und den Verleumdungen. Einmal ausgestreut, laufen sie durch alle Winde, wir wissen nicht wohin, wie kann man sie also einfach wieder zurücknehmen?«

(unbekannter Verfasser)

Die Angst

Einst saß ein alter, weiser Mann unter einem Baum, als die Cholera des Weges kam. Der Weise fragte:»Wohin gehst du?« Und die Cholera antwortete ihm:»Ich gehe in die Stadt und werde dort einhundert Menschen töten.« Einige Monate später kam die Cholera auf ihrer Rückreise wieder bei dem alten Weisen vorbei. Der Weise hielt sie auf und sprach zu ihr:»Du sagtest mir, dass du einhundert Menschen töten wolltest. Reisende berichteten aber, es wären Zehntausende geworden.« Da sprach die Cholera:»Ich tötete nur hundert. Die anderen hat die Angst umgebracht!«

(unbekannter Verfasser)

Der weise alte Russe

Ein alter, weiser Russe lag im Sterben und rief seine drei Söhne zusammen.

»Nun ist es an der Zeit, einen würdigen Nachfolger für mein Erbe zu finden. Derjenige, der in der geradesten Linie über dieses mit Schnee bedeckte Feld gehen kann, wird das ganze Land erhalten.«

Der erste Sohn schritt entschlossen voran. Ab und zu schaute er zurück, um zu sehen, wie gut er es machte, und korrigierte seine Richtung. So ging er in einer mehr oder weniger geraden Linie über das Feld.

Der zweite Sohn sah diese Methode und dachte, er könne es besser machen. Er machte sich rückwärtsgehend auf den Weg, damit er die Linie, die er im Schnee machte, sehen und sie kontinuierlich berichtigen konnte.

Der dritte Sohn nahm sich einen Baum am Horizont ins Visier, hielt sein Auge auf den Baum gerichtet und ging Schritt für Schritt weiter. So zog er eine perfekte Linie über den Schnee.

»Nur wer seine Ziele im Auge behält und geradewegs und ohne Umschweife darauf zusteuert, ist würdig, mein Erbe anzutreten«, sagte der Vater zu seinem dritten Sohn und schlief friedlich für immer ein ...

(unbekannter Verfasser)

Was die Leute sagen

Oder: *Es recht zu machen jedermann,*
ist eine Kunst, die keiner kann.

Weit weg von den Menschen lebte ein Vater mit seinem
Sohn. Als der Sohn größer wurde, hatte er einen Wunsch.
»Ich möchte mich in der Welt umsehen und hören, was an-
dere Menschen so meinen«, sprach er zu seinem Vater.
Dieser schüttelte den Kopf. »Wünsch dir das nicht, mein
Sohn, jeder sagt nämlich etwas anderes. Was du auch tust,
nie kannst du es allen recht machen.«
»Das glaube ich nicht.« Der Bube gab nicht eher Ruh, bis
sich der Vater mit ihm aufmachte.
So zogen sie in die Welt hinaus. Der Vater schritt voran, sein
Sohn ging neben ihm, und am Halfter trabte der Esel. So be-
gegnete ihnen ein Bauer, der sprach: »Warum lasst ihr den
Esel müßiggehen? Er kann doch einen von euch tragen.«
Da rief der Sohn: »Der Mann hat Recht! Vater, steig auf!«
Gesagt, getan. Der Vater setzte sich auf den Esel und der
Sohn lief nebenher, bis sie auf zwei Wanderer trafen. Einer
der Wanderer stieß seinen Kumpel in die Rippen und sagte:
»Es ist eine Unverschämtheit, dass der Vater reitet und den
Jungen zu Fuß gehen lässt.« Sie schüttelten den Kopf und
zogen ihres Weges. Vater und Sohn schauten sich an und
tauschten die Rollen. Der Sohn ritt auf dem Esel voraus,
und der alte Mann lief zu Fuß hinterher.
Bald trafen sie auf eine Frau, die im Wald Holz sammelte.
Sie schimpfte: »Es ist eine Schande, dass der Vater zu Fuß
geht, während das feine Söhnchen reitet.«

Der Sohn schämte sich und meinte zu seinem Vater: »Die Frau hat Recht. Setz dich zu mir auf den Esel, Vater.« Gemeinsam ritten sie weiter, bis ihnen eine Kutsche eines feinen Herrn entgegenkam. Sie plauderten über Handel und Wandel miteinander. Beim Abschied sprach der vornehme Herr: »Der treue Esel wird bald eingehen, wenn er die schwere Last von zwei Personen weiterhin schleppen muss.«

So beschlossen sie, das Tier gemeinsam zu tragen. Sie banden ihm die Vorderbeine und die Hinterbeine zusammen, steckten eine Stange hindurch und hoben sich jeder ein Ende davon auf die Schulter.

Ein paar Stunden hatten sie den Esel geschleppt, als sie an ein Wirtshaus kamen. Davor saßen fröhliche Leute. Einer schrie: »Seht euch die Dummköpfe an, die tragen ihren Esel anstatt darauf zu reiten!« Alle lachten. »Wenn die beiden schon nicht reiten wollen, warum führen sie den Esel dann nicht am Halfter hinter sich her?«

»Warum tun wir nicht, was die Leute wollen?«, fragte der Sohn.

»Weil wir so von zu Hause losgezogen sind«, antwortete der Vater. »Um es allen recht zu machen, bin ich geritten, du bist geritten, wir beide sind geritten, ja, wir haben den Esel sogar getragen.«

»Kann man es denn keinem Menschen recht machen?«, fragte der Junge.

»Nein, das kann man nicht, mein Sohn, wie du gesehen hast«, sprach der weise Vater.

Beide waren froh und glücklich, als sie abends wieder in ihrer Hütte saßen.

(von Nossrat Peseschkian,
aus »Der Kaufmann und der Papagei«)

Die kleinen Leute von Swabedoo

Vor langer Zeit lebten in dem Ort Swabedoo kleine Leute. Sie wurden die Swabedooler genannt, waren sehr glücklich und liefen den ganzen Tag mit einem fröhlichen Lächeln herum. Wenn sie sich begrüßten, überreichten sie sich immer kleine, warme, weiche Pelzchen, von denen jeder immer genug hatte, weil er sie verschenkte und sofort wieder eines bekam.

Ein warmes Pelzchen verschenken, bedeutete für diese Menschen: Ich mag dich. So zeigten sie, dass jeder jeden mochte. Und das machte sie den ganzen Tag froh. Außerhalb des Ortes lebte, ganz einsam in einer Höhle, ein Kobold. Wenn ein Swabedooler ihm ein Pelzchen schenken wollte, lehnte er es ab, denn er fand es albern, sich Pelzchen zu schenken.

Eines Tages traf der Kobold einen Swabedooler im Dorf, der ihn sofort ansprach: »War heute nicht ein schöner, sonniger Tag?« Und der Mann reichte ihm ein besonders weiches Pelzchen.

Der Kobold schaute in den Rucksack mit den Pelzchen. Dann legte er dem Swabedooler den Arm vertraulich um die Schulter und flüsterte ihm zu: »Nimm dich in Acht! Du hast nur 207 Pelzchen. Wenn du weiterhin so großzügig verschenkst, hast du bald keine mehr.« Das war natürlich völlig falsch gerechnet, denn jeder Swabedooler hatte, da jeder welche schenkte, genügend davon.

Doch kaum hatte der Kobold den Swabedooler stehen lassen, kam schon ein Freund vorbei und schenkte ihm wie immer ein Pelzchen. Doch der Beschenkte reagierte nicht wie bisher. Er packte das Pelzchen weg und sagte dem Kollegen:»Lieber Freund, ich will dir einen Rat geben: Verschenke deine Pelzchen nicht so großzügig, sie könnten dir ausgehen.«

Bald gaben sich immer mehr Swabedooler diesen Rat. So kam es, dass Pelzchen nur noch an allerbeste Freunde verschenkt wurden. Jeder hütete seinen Pelzrucksack wie einen Schatz. Sie wurden zu Hause eingeschlossen, und wer so leichtsinnig war, damit über die Straße zu laufen, musste damit rechnen, überfallen und beraubt zu werden. Die kleinen Leute von Swabedoo veränderten sich immer stärker. Sie lächelten nicht mehr und begrüßten sich kaum noch. Keine Freude kam mehr in ihre traurigen und misstrauischen Herzen.

Erst nach langer, langer Zeit begannen einige Leute erneut, sich wie früher kleine, warme Pelzchen zu schenken. Sie merkten bald wieder, dass ihnen die Pelzchen nicht ausgingen und dass sich Beschenkte und Schenkende darüber freuten. In ihren Herzen wurde es wieder warm und alle konnten wieder lächeln, obwohl die Traurigkeit und das Misstrauen nie mehr ganz verschwanden.

(gelesen auch bei Partisch + Röhling GmbH))

Gib niemals auf

Zwei Frösche hatten sich eines Nachts auf den Weg gemacht. Sie wollten ihre nähere oder entfernte Umgebung erkunden, um neue und interessante Dinge zu lernen. Sie genossen die kühle Nachtluft an ihren glatten Körpern. Wenn sie hüpften, hörte man das Platschen ihrer Füße. Der Mond beleuchtete ihren schmalen Pfad. Unerwartet befanden sich die beiden Frösche vor einer Tür, die einladend offen stand. Neugierig hüpften sie in einen kühlen Raum, auf dessen gekacheltem Boden mehrere Tonkrüge standen.

Ohne lange nachzudenken, sprang ein Frosch, nennen wir ihn Pitsch, auf einen der Krüge. Viel zu spät bemerkte er, dass der Krug keinen Deckel hatte, und er landete in einer weißen, sahnigen Flüssigkeit.

Patsch, der andere Frosch, hörte das Platschen, und da Frösche ein gutes Herz haben, sprang er sofort nach, um zu helfen. Manchmal ist es so, dass das Gefühl stärker ist als der Verstand.

Bekanntlich können Frösche gut schwimmen, obwohl sie nicht wissen, dass es eine besondere Fähigkeit ist. Aber so ist es mit allen Lebewesen. Sie haben besondere Fähigkeiten, ob ihnen das bewusst ist oder nicht.

Zuerst machte ihnen das Schwimmen Spaß. Sie schleckten von der süßen Sahne und blickten nach oben, wo das Mondlicht zum Träumen verführte. Bald aber wurden sie müde.

»Ich kann nicht mehr«, keuchte Pitsch. »Hier kommen wir nie heraus. Es hat keinen Sinn.«

Patsch schwamm an die Seite von Pitsch. »Du hast Recht,

es sieht schwierig aus. Die Wände sind hoch und glatt. Aber denk mal, wie schön das Leben in unserem Froschteich ist, wenn wir alle zusammen sind, wenn wir gemeinsam singen und uns freuen, dass wir leben.«

Pitsch schöpfte Hoffnung. »Ich will auch leben«, sagte er. »Wie sollen wir aber rauskommen? Ich kann denken, soviel ich will, ich sehe keine Lösung.«

»Wenn es darauf ankommt«, überlegte Patsch laut, »findet man häufig intuitiv die richtige Lösung. Ich hatte mal einen Traum. Vor Millionen von Jahren waren unsere Vorfahren noch größer als wir, und sie konnten noch nicht so gut denken. Aber sie haben trotzdem überlebt, auch wenn es damals sehr gefährlich war und nicht sehr angenehm auf der Welt. So ungefähr wie jetzt bei uns im Krug. Und weißt du, was unser Urahn mir im Traum gesagt hat? Für jedes Problem gibt es eine Lösung. Tief in uns wissen wir die Lösung. Es findet sich immer ein Weg, wenn man nicht aufgibt. Kommt Zeit, kommt Rat!«

Die Frösche strampelten weiter. Als nach einiger Zeit Patsch keine Kraft mehr hatte, redete Pitsch ihm zu. »Wozu haben wir uns so lange abgemüht, wenn du jetzt aufhören willst? Weißt du noch, wie es damals war, als der Storch uns auflauerte und du ihn immer wieder geschickt und mutig von der Familie weggelockt hast?«

Sie sprachen sich gegenseitig Mut zu, und die Erinnerungen an vergangene Zeiten, als es ihnen gelang, auch in ausweglos erscheinenden Lagen zu überleben, gab ihnen neue Energie.

Endlich graute der Morgen. Und als die ersten Sonnenstrahlen durch das Fenster lugten, spürten die beiden Frösche plötzlich etwas Festes unter ihren Füßen. Sie saßen auf einem großen Klumpen Butter, den sie selbst, ohne sich dessen bewusst zu sein, mit ihren Füßen geschaffen hatten.

Sie waren glücklich, dass sie lebten, und dankbar für die Erfahrungen dieser Nacht, die ihr zukünftiges Leben prägen würde.

(Fabel nach Äsop)

Die perfekte Frau

Der Meister saß mit seinen Schülern zusammen. Da wurde er gefragt: »Meister, warum hast du nie geheiratet?«
Der Meister überlegte kurz und antwortete: »An mir lag es nicht. Ich hatte mir vorgenommen, nur die perfekte Frau zu heiraten. Sie sollte schön, intelligent und lieb sein. So habe ich viele Jahre damit verbracht, eine solche Frau zu suchen.«
»Und, hast du sie gefunden?«, wollte ein Schüler voreilig wissen.
»Ja, ich habe sie tatsächlich gefunden. Sie war perfekt und ich war so glücklich!«
»Und warum hast du sie dann nicht geheiratet?«
Der Meister seufzte: »Das wollte ich, doch sie suchte den perfekten Mann!«

(von Mulla Nasrudin)

Der König, der Maler und das Neujahrsfest

Es war an der Zeit, das Neujahrsfest vorzubereiten. Der König wies seine Leute an:»Ich möchte, dass es ein wirklich königliches Fest wird. Die Gästeliste soll überquellen von illustren Persönlichkeiten. Die Tische sollen sich biegen unter den Delikatessen, und der Wein soll nur aus erlesenen Trauben und besten Jahrgängen bestehen.« Die Mitarbeiter schwärmten aus und brachten aus allen Landesteilen nur das Köstlichste. Aber der König war nicht zufriedenzustellen.»Im letzten Jahr habe ich ein durch nichts zu überbietendes Fest gegeben. Aber die ganze Stadt sprach nur von dem Fest bei Ramun, dem Maler. Da wurde getrunken und gelacht die ganze Nacht bis zum Nachmittag des nächsten Tages. Im Jahr davor war es dasselbe. Ebenso im Jahr davor und davor. Einmal muss es mir doch gelingen, diesen Wurm zu übertrumpfen, denn ich, ich bin der König!« Einer der Mitarbeiter, ein kluger Mann, verneigte sich tief und fragte:»Mein König, habt Ihr je mit dem Maler gesprochen? Es muss doch einen Grund geben, warum die Leute sein Fest so lieben, obwohl sie in schäbiger Hütte ihre mitgebrachten Happen essen und den billigsten Wein trinken müssen.« Der König nickte stumm und sagte:»Gut, dann schafft mir diesen Ramun heran!« Und so geschah es. »Warum lieben die Menschen dein Neujahrsfest so?«, fragte der König. Darauf der Maler:»Wir sind Freunde und brauchen einander – aber mehr brauchen wir nicht. Deshalb sind wir reich!«

(Geschichte aus Persien)

Die armen Leute

Eines Tages nahm ein Vater seinen Sohn mit auf das Land, um ihm zu zeigen, wie arme Leute leben. Vater und Sohn verbrachten einen Tag und eine Nacht auf einer Farm einer sehr armen Familie.

Als sie wieder zurückkehrten, fragte der Vater seinen Sohn: »Wie war dieser Ausflug?«

»Sehr interessant!«, antwortete der Sohn.

»Und hast du gesehen, wie arm Menschen sein können?«, fragte der Vater.

»Oh ja, Vater, das habe ich gesehen«, sagte der Sohn.

»Was hast du also gelernt?«, fragte der Vater.

Und der Sohn antwortete: »Ich habe gesehen, dass wir einen Hund haben und die Leute auf der Farm haben vier. Wir haben einen Swimmingpool, der bis zur Mitte unseres Gartens reicht, und sie haben einen See, der gar nicht mehr aufhört. Wir haben prächtige Lampen in unserem Garten und sie haben die Sterne. Unsere Terrasse reicht bis zum Vorgarten, und sie haben den ganzen Horizont.«

Der Vater war sprachlos.

Und der Sohn fügte noch hinzu: »Danke Vater, dass du mir gezeigt hast, wie arm wir sind!«

(unbekannter Verfasser)

Was will ich denn ...

Ein Fischer sitzt am Strand und blickt auf das Meer, nachdem er den Fang seiner mühseligen Ausfahrt auf den Markt gebracht hat.
Warum er denn nicht einen Kredit aufnehme, fragte ihn ein Tourist. Dann könne er einen Motor kaufen und das Doppelte fangen. Das brächte ihm dann Geld für einen Kutter und einen zweiten Mann ein. Zweimal täglicher Fang hieße das Vierfache verdienen. Warum er eigentlich herumtrödle.
Auch ein dritter Kutter wäre zu beschaffen; das Meer könnte viel besser ausgenutzt werden, ein Stand auf dem Markt, Angestellte, ein Fischrestaurant, eine Konservenfabrik – dem Touristen leuchteten die Augen.
»Und dann?«, unterbricht ihn der Fischer.
»Dann brauchen Sie gar nichts mehr zu tun. Dann könnten Sie den ganzen Tag sitzen und glücklich auf das Meer hinausblicken!«
»Aber das tue ich doch jetzt schon«, sagte der Fischer.

(von Heinrich Böll)

Die Insel der Gefühle

Vor langer Zeit existierte einmal eine wunderschöne, kleine Insel. Auf dieser Insel waren alle Gefühle der Menschen zu Hause: Der Humor und die gute Laune, die Traurigkeit und die Einsamkeit, das Glück und das Wissen und all die vielen anderen Gefühle. Natürlich lebte auch die Liebe dort. Eines Tages wurde den Gefühlen jedoch überraschend mitgeteilt, dass die Insel sinken würde. Also machten alle ihre Schiffe seeklar, um die Insel zu verlassen. Nur die Liebe wollte bis zum letzten Augenblick warten, denn sie hing sehr an ihrer Insel.

Bevor die Insel sank, bat die Liebe die anderen um Hilfe.

Als der Reichtum auf einem sehr luxuriösen Schiff die Insel verließ, fragte ihn die Liebe: »Reichtum, kannst du mich mitnehmen?«

»Nein, ich kann nicht. Auf meinem Schiff habe ich sehr viel Gold, Silber und Edelsteine. Da ist kein Platz mehr für dich.«

Also fragte die Liebe den Stolz, der auf einem wunderbaren Schiff vorbeikam. »Stolz, bitte, kannst du mich mitnehmen?«

»Liebe, ich kann dich nicht mitnehmen«, antwortete der Stolz, »hier ist alles perfekt und du könntest mein schönes Schiff beschädigen.«

Als Nächstes fragte die Liebe die Traurigkeit: »Traurigkeit, bitte nimm du mich mit.«

»Oh Liebe«, sagte die Traurigkeit, »ich bin so traurig, dass ich allein bleiben muss.«

Als die gute Laune losfuhr, war sie so zufrieden und ausgelassen, dass sie nicht einmal hörte, dass die Liebe sie rief.

Plötzlich aber rief eine Stimme:»Komm Liebe, ich nehme dich mit.«

Die Liebe war so dankbar und so glücklich, dass sie ganz und gar vergaß, ihren Retter nach seinem Namen zu fragen.

Später fragte die Liebe das Wissen:»Wissen, kannst du mir vielleicht sagen, wer es war, der mir geholfen hat?«

»Ja sicher«, antwortete das Wissen,»das war die Zeit.«

»Die Zeit?«, fragte die Liebe erstaunt,»warum hat mir die Zeit denn geholfen?«

Und das Wissen antwortete:»Weil nur die Zeit versteht, wie wichtig die Liebe im Leben ist.«

(von Karola Schulze)

Auf seine Seele warten ...

Ein weißer Afrikaforscher konnte es nicht erwarten, endlich ins Landesinnere vorzustoßen.

Um früher an sein Ziel zu gelangen, zahlte er seinen Trägern ein zusätzliches Gehalt, damit sie schneller gingen, und über mehrere Tage lang legten die Träger ein schnelleres Tempo vor.

Eines Abends jedoch setzten sich alle auf den Boden, legten ihre Bündel ab und weigerten sich weiterzugehen. So viel Geld er ihnen auch anbot, die Träger rührten sich nicht von der Stelle.

Als der Forscher sie schließlich nach dem Grund ihres Verhaltens fragte, erhielt er folgende Antwort: »Wir sind schnell gegangen, dass wir nicht mehr recht wissen, was wir tun. Darum warten wir, bis unsere Seele uns eingeholt hat.«

(von Paul Coelho, brasilianischer Schriftsteller)

Das Haus des Glücks

Zwei Mönche suchten in ihrer Klosterzelle nach dem Haus des Glücks.

Um das Haus des Glücks zu finden, studierten sie in vielen Büchern, bis sie eines Tages in einem uralten Buch einen Hinweis fanden. Dort stand geschrieben: Das Haus des Glücks befindet sich an einem Ort, wo sich Himmel und Erde berühren.

Sie leisteten einen Schwur, dass sie so lange nach dem Haus des Glücks suchen würden, bis sie es gefunden hätten. Und so begannen sie ihre Suche und ließen sich auch durch größte Widerstände nicht von ihrem Weg abbringen.

Nach vielen Jahren und mühevollem Suchen entdeckten sie eines Morgens in der Ferne die Stelle, an der sich Himmel und Erde berührten.

Voller Herzklopfen machten sie sich auf den Weg. Als sie die Stelle erreichten, entdeckten sie ein altes Haus. Sie betraten voller Aufregung das Haus des Glücks und bemerkten zu ihrem Erstaunen, dass sie in ihrer Zelle standen.

In diesem Augenblick erkannten sie, dass die Stelle, wo Himmel und Erde sich berühren, der Ort ist, an den Gott sie hingestellt hatte.

(von Nikolaus B. Enkelmann)

Mehr als je zuvor

Es war einmal ein kleiner Bach, der kam an den Rand einer großen Wüste. Dort hörte er eine Stimme: »Los, gehe ruhig weiter!«
Aber der Bach fürchtete sich vor dem Neuen und Unbekannten, er hatte Angst vor Veränderungen. Er wollte zwar mehr Wasser haben und ein schöneres Leben führen, aber er wollte sich nicht verändern und schon gar keine Risiken eingehen.
Doch wieder sprach die Stimme: »Wenn du den Schritt nicht wagst, dann wirst du nie erfahren, wozu du in der Lage bist. Vertraue einfach darauf, dass du auch in einer neuen Umgebung zurechtkommst. Fließe ruhig weiter!«
Da entschloss sich der Bach weiterzugehen, aber es war ihm nicht sehr wohl dabei. In der Wüste wurde es immer heißer und schließlich verdunstete der Bach. Die aufgestiegenen kleinen Tröpfchen sammelten sich oben in der Luft; dort bildeten sie dann Wolken, die über die Wüste zogen. Die Wolken reisten viele Tage, bis sie hinter der Wüste zum großen Meer kamen. Dort regneten sie sich leer.
Das Bächlein führte nun ein viel schöneres Leben, als es sich jemals zu träumen gewagt hätte. Während es sich sanft von einer Welle tragen ließ, überlegte es lächelnd: »Ich habe mehrmals meine Daseinsform verändert und doch bin ich jetzt mehr ich selbst, als je zuvor!«

(von Bodo Schäfer, aus »Erfolgreich denken«)

Wasser unter der Brücke

Ein Junge beugte sich einmal über das Geländer einer Brücke und beobachtete den Strom des Flusses unter sich. Ein Stück Holz schwamm vorbei. Dann war die Wasseroberfläche wieder glatt. Aber immer floss das Wasser vorüber, wie es das seit hundert, seit tausend und mehr Jahren getan hatte. Manchmal war die Strömung stärker und dann wieder langsamer. Aber weiter floss das Wasser unter der Brücke dahin.

An diesem Tag machte der Junge eine Entdeckung. Ganz plötzlich wusste er, dass alles in seinem Leben eines Tages wie dieses Wasser unter der Brücke vorbeifließen und vorbei sein würde.

Sein ganzes Leben lang war ihm dieser Gedanke sehr nützlich, er wurde von ihm getragen, obwohl es Tage gab, die dunkel und nicht einfach waren. Immer, wenn er einen Fehler gemacht hatte, der nicht wieder gutzumachen war, oder wenn er etwas verlor, das ebenso unwiederbringlich war, sagte der inzwischen zum Mann erwachsene Junge: »Wasser unter der Brücke!« Er regte sich auch nicht übermäßig auf über Fehler, und er ließ sich keinesfalls durch sie entmutigen – es war Wasser unter der Brücke.

(unbekannter Verfasser)

Verwundung
oder die Nägel im Zaun

Es war einmal ein Junge mit schwierigem Charakter. Sein Vater gab ihm einen Beutel gefüllt mit Nägeln und bat ihn, jedes Mal einen Nagel in den Gartenzaun zu schlagen, wenn er seine Geduld verloren habe oder mit jemanden in Streit geraten sei.

Am ersten Tag schlug der Junge 37 Nägel in den Gartenzaun. In den folgenden Wochen lernte der Junge, sich zu beherrschen, und die Zahl der Nägel, die er in den Zaun zu schlagen hatte, wurde immer weniger. Der Junge merkte mit der Zeit, dass es einfacher war, sich zu beherrschen, als Nägel in den Zaun zu hämmern. Schließlich kam der erste Tag, an dem der Junge keinen Nagel in den Gartenzaun schlagen musste.

Er ging zu seinem Vater und erzählte ihm, dass er heute keinen Nagel in den Gartenzaun geschlagen habe. Der Vater freute sich über diese Nachricht und trug dem Jungen auf, er solle von nun an, an jedem Tag, an dem er sein Temperament erfolgreich unter Kontrolle halten könne, wieder einen Nagel aus dem Zaun herausziehen.

Viele Tage vergingen, bis der Junge seinem Vater erzählen konnte, dass er alle Nägel aus dem Zaun gezogen habe. Der Vater ging daraufhin mit seinem Sohn zum Zaun und erklärte ihm: »Mein Sohn, du hast dich in letzter Zeit gut benommen. Aber schau nur, wie viele Löcher du im Zaun hinterlassen hast. Er wird nie mehr derselbe Zaun sein wie vorher. Jedes Mal, wenn du Streit mit jemand hast oder ihn gar beleidigst, bleiben Wunden zurück – wie diese Löcher im Zaun. Es ist, als stichst du jemanden mit einem Messer. Wenn du es wieder herausziehst, bleibt jedes Mal eine Wunde, die nie wieder völlig verheilen wird. Und ganz egal, wie oft du dich auch entschuldigst, die Wunde wird als Narbe immer bleiben.

Eine Wunde, die du mit Worten erzeugst, tut genauso weh wie eine körperliche Wunde!«

(von Kurt O. Wörl)

Das Leben verschwendet?

Der persische Weise Nasrudin befand sich einmal auf einer Fähre, die einen breiten Strom überquerte. Neben ihm stand ein Gelehrter, der angesichts seines immensen Wissens arrogant und aufgeblasen tat.

Er fragte Nasrudin:»Haben Sie jemals Astronomie studiert?« »Nein«, antwortete Nasrudin.

»Oh, da haben Sie aber viel von Ihrem Leben vergeudet! Mit dem Wissen über die Sterne kann ein Kapitän ein Schiff durch alle Weltmeere navigieren.«

Der Gelehrte fragte dann:»Haben Sie jemals Meteorologie studiert?« »Nein«, antwortete Nasrudin.

»Nun, dann haben Sie auch hier große Teile Ihres Lebens verschwendet! Wer über die Winde und das Wetter weiß, kann ein Schiff sicher und schnell von einem Ort zum anderen bringen.«

Es folgte die Frage:»Und haben Sie wenigstens Meereskunde studiert?« »Nein«, antwortete Nasrudin.

Mit leidigem Lächeln sagte der Gelehrte:»Zu schade, wie Sie auch hier Ihr Leben verschwendet haben! Die Kenntnis der Ströme ist unerlässlich, um ein Schiff zu steuern.«

Einige Minuten später stand Nasrudin auf, um ans Ende des Schiffes zu gehen. Beim Vorbeigehen fragte er den Gelehrten:»Haben Sie jemals schwimmen gelernt?«

»Nein, dazu hatte ich keine Zeit!«

»Dann haben Sie Ihr ganzes Leben verspielt, denn dieses Boot sinkt gerade!«

(von Mulla Nasrudin)

Spuren im Sand

Ich träumte, mein bester Freund ginge mit Gott am Strand spazieren.

Die Sterne leuchteten und er erkannte seine Vergangenheit wieder.

Er sah doppelte Fußspuren im Sand und fragte Gott, was dies bedeutet.

Gott antwortete: »Seitdem du dich für mich entschieden hast, habe ich dich immer begleitet!«

Doch dann sah der Freund eine Strecke lang nur eine einzige Fußspur und erkannte, dass das die schwerste Zeit seines Lebens war.

»Wo warst du während dieser Zeit? Warum hast du mich verlassen?«

Gott antwortete: »Ich habe dich nie verlassen. Da wo du nur eine Spur siehst, da habe ich dich getragen!«

(Liedtext von Rainhard Fendrich))

Sehnsucht

Wie sehr ersehnen Sie sich die Erfüllung Ihrer Wünsche?

Sokrates wurde einmal gefragt, wie man Weisheit erwerben könne.

Er sagte: »Komm mit!« und führte den jungen Schüler zu einem Fluss, tauchte ihn unter Wasser und gab den verzweifelt nach Atem Ringenden dann wieder frei.

Nachdem der junge Mann seine Sinne wieder beisammenhatte, fragte ihn Sokrates: »Wonach hast du dich am meisten gesehnt, als du unter Wasser warst?«

»Nach Luft«, antwortete der Junge.

Darauf erklärte ihm der berühmte Philosoph: »Sobald du Weisheit ebenso sehr ersehnst wie – als du zu ersticken glaubtest – die Luft zum Atmen, wirst du sie erlangen!«

(Janwillem van de Wetering, »Der leere Spiegel«)

Wer etwas von ganzem Herzen will,
einen klaren Weg zu seinem Ziel sieht
und diesen unbeirrt zu gehen bereit ist,
wird mit absoluter Gewissheit seine Absichten
verwirklichen!

Das Geschenk

Ein junger Bursche, der ein Mädchen sehr mochte, wollte ihr eines Tages eine wundervolle Muschel schenken.
»Noch nie habe ich eine solche schöne, ästhetische und anmutige Muschel gesehen! Wo hast du solch eine kostbare Muschel denn gefunden?«, fragte das angetane und überraschte junge Mädchen.
»Am anderen Ende der Insel gibt es eine versteckte Stelle, an der ich öfter mal mit meinen Eltern bin. Dort werden hin und wieder solch schöne Muscheln an Land geschwemmt«, erzählte der Junge seiner heimlichen Liebe.
Sie bemerkte sehr dankbar: »Diese wundervolle Muschel werde ich mein Leben lang aufbewahren. Ich danke dir von ganzem Herzen für dieses einmalige Geschenk. Aber nur um mir etwas zu schenken, hättest du doch keinen so weiten Weg machen müssen!«
Darauf antwortete der Junge: »Aber der weite Weg ist doch ein Teil des Geschenks!«

(unbekannter Verfasser)

Reden und Schweigen

Zu Sokrates kam eines Tages ein Mann und wollte bei ihm das Reden lernen.

Sokrates hörte ihm lange zu, dann sagte er zu dem jungen Mann: »Ich nehme dich als Schüler an – aber zum doppelten Preis.«

»Wieso?«, fragte der Schüler erstaunt.

»Weil ich dich in zwei Künsten unterweisen muss: in der Kunst des Redens und ... des Schweigens!«

(unbekannter Verfasser)

Du hast Recht!

Vom Propheten Mohammed wird folgende Begebenheit berichtet: Der Prophet kam mit einem seiner Begleiter in eine Stadt, um zu lehren. Bald gesellte sich ein Anhänger seiner Lehre zu ihm.

»Herr! In dieser Stadt geht die Dummheit ein und aus. Die Bewohner sind halsstarrig. Man möchte hier nichts lernen. Du wirst keines dieser steinernen Herzen bekehren.«

Der Prophet antwortete gütig: »Du hast Recht!«

Bald darauf kam ein anderes Mitglied der Gemeinde freudestrahlend auf den Propheten zu. »Herr! Du bist in einer glücklichen Stadt! Die Menschen sehnen sich nach der rechten Lehre und öffnen ihre Herzen deinem Wort!«

Mohammed lächelte gütig und sagte wieder: »Du hast Recht!«

»Oh, Herr«, wandte da der Begleiter Mohammeds ein. »Zu dem Ersten sagtest du, er habe Recht. Zu dem Zweiten, der genau das Gegenteil behauptete, sagtest du auch, er habe Recht. Schwarz kann doch nicht weiß sein.«

Mohammed erwiderte: »Jeder Mensch sieht die Welt, wie er sie erwartet. Wozu sollte ich den beiden widersprechen? Der Eine sieht das Böse, der Andere das Gute. Würdest du sagen, dass einer von beiden etwas Falsches sieht, sind doch die Menschen hier wie überall böse und gut zugleich. Nichts Falsches sagte man mir, nur Unvollständiges.«

(von Nossrat Peseschkian,
aus »Der Kaufmann und der Papagei«)

Der Erfolgreiche weiß um diese Dinge. Er lässt sich nicht durch unvollständige Teilwahrheiten beeinflussen!

Reichtum

»Gott, wie lange dauert für dich eine Million Jahre?«
»So lange wie eine Sekunde!«
»Und ist eine Million für dich wie ein Cent?«
»Ja!«
»Dann, lieber Gott, gibst du mir so einen Cent?«
»Ja gerne, warte eine Sekunde!«

(unbekannter Verfasser)

Warten Sie nicht auf Gott, starten Sie HEUTE!
Ich wünsche Ihnen viel,
viel Erfolg und eine Menge an Zeit!

Das Glück meint es gut mit uns

Das Glück meint es gut mit uns! Geben wir ihm eine Chance!
Oder wie sagte mal jemand: Wie man in den Wald hinein-
ruft, so schallt es heraus.

Sein Name war Fleming; er war ein armer schottischer Farmer. Eines Tages, während er versuchte, den Lebensunterhalt für seine Familie zu sichern, hörte er Hilfeschreie aus
dem nahe gelegenen Moor. Er ließ sein Werkzeug fallen
und rannte zum Moor.
Er fand dort einen erschreckten Jungen, bis zur Taille mit
schwarzem Dreck beschmutzt; der schrie und mühte sich
ab, sich selbst zu befreien. Farmer Fleming rettete den Bur-
schen vor einem möglicherweise langsamen und grauen-
haften Tod.
Am nächsten Tag fuhr ein nobler Wagen auf die spärlichen
Ländereien des Schotten. Ein elegant angezogener Edelmann stieg aus und stellte sich als der Vater des Jungen vor,
den Farmer Fleming gerettet hatte.
»Ich möchte es Ihnen vergelten, dass Sie das Leben meines
Sohnes gerettet haben«, sagte der Edelmann.
»Nein, ich kann keine Bezahlung annehmen für das, was
ich tat«, winkte der schottische Farmer ab.
In diesem Moment kam der eigene Sohn des Farmers aus
der Hütte. Der Edelmann fragte: »Ist das Ihr Sohn?«
»Ja«, antwortete der Farmer stolz.
»Ich schlage Ihnen einen Handel vor: Lassen Sie mich ihm
die gleiche Ausbildung zukommen lassen wie meinem Sohn.
Wenn der Junge seinem Vater ähnlich ist, wird er zweifellos

zu einem Mann werden, auf den wir beide stolz sein können.« Und das tat er dann auch.

Der Sohn von Farmer Fleming besuchte die besten Schulen, promovierte nach einiger Zeit an der St. Mary's Hospital Medical School in London und wurde später weltbekannt als Sir Alexander Fleming, der Entdecker des Penicillins.

Jahre später wurde der gleiche Sohn des Edelmanns, der aus dem Moor gerettet wurde, von einer Lungenentzündung heimgesucht. Was rettete diesmal sein Leben? Penicillin!

Der Name des Edelmanns? Lord Randolph Churchill. Der Name seines Sohnes? Sir Winston Churchill.

Das Glück meint es gut mit uns!

(unbekannter Verfasser)

Lieber Gott, verzeih mir!

»Lieber Gott, verzeih mir, dass ich erst jetzt, am Ende meines Lebens schreibe. Ich vergaß völlig, dir für das Wunder vor 20 Jahren zu danken. Du hast mir einst Henriette zur Frau gegeben!

Eine rechtschaffene Frau; sie hielt mein Haus in Ordnung, erzog die Kinder, schickte sie gewaschen in die Schule. Auch war das, was auf den Tisch kam, genießbar. Ich hatte alle Knöpfe an meinem Rock und an den Hemden. Ich hätte also recht zufrieden sein können mit meiner Frau, die du mir zugeteilt hast. Ich war es nicht!

Ich klagte dir mein Leid. Es war die Nacht vor unserem zehnten Hochzeitstag.

Lieber Gott, betete ich, so kann es nicht weitergehen! Mein Weib ist zänkisch und rechthaberisch. Wir streiten uns den ganzen Tag; immer hat sie das letzte Wort. Ich muss mich sehr bemühen, sie zu überschreien, so laut ist ihre Stimme. Will ich nach rechts, will sie nach links. Selbst wenn wir am Sonntag unseren Spaziergang machen, fehlen nicht die bösen Worte, die wir uns gegenseitig an den Kopf werfen. Du bist doch allmächtig, lieber Gott. Lass ein Wunder geschehen! Verwandle meine Frau, die ein rechter Drachen ist, in eine sanfte, liebe Taube, damit der Streit in unserer Ehe aufhört, dass sie einsichtig wird und nicht immer das letzte Wort behalten will.

So schloss ich mit der Bitte, dass das Wunder über Nacht geschehen solle, weil ich am Morgen die Woche gerne mit einer neuen Frau beginnen wollte.

Ich wachte auf und gab meiner Frau ein gutes Wort, um

aus ihrer Antwort herauszuhören, ob du Wunder vollbracht hättest, worum ich dich gebeten hatte. Ich bekam eine freundliche Antwort!

Herr, ich zweifelte noch.

Ich verlangte ein neues Hemd, das hatte stets Streit gegeben. Ich bekam es ohne Widerspruch.

Wir setzten uns zum Frühstück nieder; ich war besonders nett zu Henriette, denn ich wollte deines Wunders würdig sein, es nicht durch meine Ungeduld zerstören. Henriette schenkte mir Kaffee ein, was sie seit unserer Hochzeit nicht mehr getan hatte – ich strich ihr dafür ein Brötchen …

Als wir in die Kirche gingen, schlug ich den Weg ein, den sie am liebsten ging, aber sie bestand darauf, beim Zeitungsstand vorbeizugehen. So verlief der ganze Tag in Harmonie und Freundlichkeit, kein böses Wort fiel; mein Gebet um ein Wunder war erhört, du hast mir eine neue Frau geschenkt!

Nie wieder haben wir uns gestritten, keiner von uns wollte mehr Recht behalten, denn da sie stets nachgab, wollte auch ich nicht zurückstehen. Ich las ihr jeden Wunsch von den Augen ab, und so ist es geblieben, bis zum heutigen Tag. Die Leute sagen immer, es geschähen keine Wunder mehr. Ihres ist eins, und dafür danke ich dir …«

Der Brief in der Handschrift meines Vaters war nicht zu Ende geschrieben. Als Mutter ihn las, liefen ihr die Tränen übers Gesicht.

»Damals ist wirklich ein Wunder geschehen. Nur glaubte ich bisher, dass Gott MEIN Gebet erhört hatte.

Denn ich bat Gott in der gleichen Nacht darum, meinen Mann zu verwandeln, der zänkisch und rechthaberisch war.

Als ich am Morgen aufwachte, versuchte ich mit einem freundlichen Wort herauszuhören, ob Gott mein Gebet erhört hatte. Da Vater mir herzlich und ohne zu streiten antwortete, erkannte ich das Wunder und tat ein Leben lang alles, es nicht zu stören ...«

(unbekannter Verfasser)

Gott und die drei Engel der Wahrheit

Gott beauftragte die drei Engel, die »Wahrheit« vor den Menschen gut zu verstecken. Die Engel machten sich auf die Socken beziehungsweise Flügel und kamen nach geraumer Zeit zurück.

Der erste Engel erzählte voller Stolz: »Ich habe den besten Platz gefunden, den höchsten Berg auf der Erde, auf dessen Gipfel werden wir sie verstecken.«

Gott sagt: »Ist schon ganz gut, wollen wir hören, was der zweite Engel gefunden hat!«

Dieser erzählt: »Ach, mein Platz ist viel besser, da kommt keiner hin. Es ist die tiefste Stelle des Ozeans, wo wir die Wahrheit verstecken können.«

»Auch nicht schlecht«, spricht Gott, »doch ganz zufrieden bin ich noch nicht mit euren Ergebnissen. Wollen wir hören, was der dritte von euch gefunden hat.«

Und dieser sagt: »Ich habe den Platz gefunden, lieber Gott, wo wir die Wahrheit verstecken können und sie die Menschen hundertprozentig nie finden werden – im Menschen selbst!«

(gelesen bei Martin Dornhöfer,
»Die Formel der Liebe«)

Die Wahrheit

Die vorherige Geschichte existiert auch noch in einer anderen Version:

Die Götter beschlossen eines Tages, das Universum zu erschaffen. Sie schufen die Sterne, die Sonne, den Mond. Sie schufen die Meere, die Berge, die Blumen und die Wolken. Und dann schufen sie menschliche Wesen. Ganz zum Schluss schufen sie die Wahrheit. An diesem Punkt entstand jedoch ein Problem: Wo sollten sie die Wahrheit verstecken? Sie wollten das Abenteuer der Entdeckung verlängern.

»Lasst uns die Wahrheit auf den höchsten Berg stellen«, sagte einer der Götter, »dort wird sie sicherlich ganz schwer zu finden sein.«

»Lasst sie uns auf dem fernsten aller Sterne verstecken«, sagte ein anderer. »Lasst sie uns in den tiefsten und dunkelsten Abgrund stecken.« – »Verbergen wir sie auf der unsichtbaren Seite des Mondes.«

Schließlich sagte der älteste und weiseste Gott: »Nein, wir werden die Wahrheit im Herzen der Menschen verstecken. Auf diese Weise werden sie im ganzen Universum suchen, ohne gewahr zu werden, dass sie sie die ganze Zeit in ihrem Herzen tragen.«

(unbekannter Verfasser)

Es fällt kein Meister vom Himmel

Ein Zauberkünstler führte am Hofe seines Sultans seine Kunst vor und begeisterte seine Zuschauer. Der Sultan selbst war vollster Bewunderung:»Gott, steh mir bei, welch ein Wunder, welch ein Genie!«

Sein Wesir aber gab zu bedenken:»Hoheit, kein Meister fällt vom Himmel. Die Kunst des Zauberers ist die Folge seines Fleißes und seiner Übungen.«

Der Sultan runzelte die Stirn:»Du undankbarer Mensch! Wie kannst du behaupten, dass solche Fertigkeiten durch Übung kommen? Es ist, wie ich sage: Entweder man hat das Talent oder man hat es nicht. Du hast es jedenfalls nicht, ab mit dir in den Kerker! Dort kannst du über meine Worte nachdenken. Damit du nicht so einsam bist und du deinesgleichen um dich hast, bekommst du ein Kalb als Kerkergenossen.«

Vom ersten Tag seiner Kerkerzeit an übte der Wesir nun, das Kalb hochzuheben, und trug es jeden Tag über die Treppen seines Kerkerturms. Die Monate vergingen dabei.

Eines Tages erinnerte sich der Sultan an seinen Gefangenen. Er ließ ihn zu sich holen. Bei seinem Anblick aber überwältigte ihn das Staunen:»Gott, stehe mir bei, welch ein Wunder, welch ein Genie!«

Der Wesir, der mit ausgestreckten Armen einen Stier trug, antwortete mit den gleichen Worten wie damals:»Hoheit, kein Meister fällt vom Himmel. Meine Kraft ist die Folge meines Fleißes und meiner Übung.«

(von Nossrat Peseschkian)

Eine kleine Geschichte über
vier Mitarbeiter und einen Kunden

Dies ist die Geschichte über vier Mitarbeiter namens *Jeder*, *Jemand*, *Irgendjemand* und *Niemand*.

Es ging darum, sich dringend eines wichtigen Kunden und seines Problems anzunehmen, und *Jeder* war sich sicher, dass sich *Jemand* darum kümmert.

Irgendjemand hätte es tun können, aber *Niemand* tat es.

Jemand wurde wütend, weil es *Jeder(manns)* Aufgabe war. *Jeder* dachte, *Irgendjemand* könnte es machen, aber *Niemand* wusste, dass *Jemand* es nicht tun würde.

Schließlich beschuldigte *Jeder Jemand*, weil *Niemand* tat, was *Irgendjemand* hätte tun können.

Übrigens, das sind auch die vier Mitarbeiter, die gerne folgende Redewendungen verwenden:
»Man müsste …, man sollte …, man könnte …!«

Kennen Sie die?

(von Lothar J. Seiwert)

Ich gehe eine Straße entlang

1. Ich gehe eine Straße entlang. Da ist ein tiefes Loch im Gehsteig. Ich falle hinein. Ich bin verloren ... Ich bin ohne Hoffnung. Es ist nicht meine Schuld. Es dauert endlos, um wieder herauszukommen.

2. Ich gehe dieselbe Straße entlang. Da ist ein tiefes Loch im Gehsteig. Ich tue so, als sähe ich es nicht. Ich falle wieder hinein. Ich kann nicht glauben, schon wieder am gleichen Ort zu sein. Aber es ist nicht meine Schuld. Immer noch dauert es sehr lange herauszukommen.

3. Ich gehe dieselbe Straße entlang. Da ist ein tiefes Loch im Gehsteig. Ich sehe es. Ich falle immer noch hinein ... aus Gewohnheit. Meine Augen sind offen. Ich weiß, wo ich bin. Es ist meine eigene Schuld. Ich komme sofort wieder heraus.

4. Ich gehe dieselbe Straße entlang. Da ist ein tiefes Loch im Gehsteig. Ich gehe drum herum.

5. Ich gehe eine andere Straße.

(von Sogyal Rinpoche,
aus »Das tibetische Buch vom Leben und Sterben)

Ich liebe dich

Ein Mädchen fragte einen Jungen: »Magst du mich?«
Er sagte: »Nein!«
Sie fragte: »Findest du mich hübsch?«
Er sagte: »Nein!«
Sie fragte: »Bin ich in deinem Herz?«
Er sagte: »Nein!«
Als Letztes fragte sie: »Wenn ich weggehen würde, würdest
du für mich weinen?«
Er sagte wieder: »Nein!«
Sie ging traurig davon.
Da packte er sie am Arm und sagte: »Ich mag dich nicht,
ich liebe dich! Ich finde dich nicht hübsch, ich finde dich
wunderschön! Du bist nicht in meinem Herz, du bist mein
Herz. Ich würde nicht für dich weinen, ich würde für dich
sterben!«

(unbekannter Verfasser)

Der Tausendfüßler und die Kröte

Es war einmal ein Tausendfüßler, der mit seinen tausend Beinen ganz fantastisch tanzen konnte. Wenn er tanzte, versammelten sich alle Tiere des Waldes, um ihn anzusehen, und alle waren von seiner Tanzkunst zutiefst beeindruckt. Nur ein Tier mochte den Tanz des Tausendfüßlers nicht leiden, eine Kröte ...

Wie schaff ich's nur, dass der Tausendfüßler zu tanzen aufhört?, überlegte sie. Sie konnte ja nicht einfach sagen, dass ihr der Tanz nicht gefiel. Und sie konnte auch nicht behaupten, sie könne besser tanzen, denn das würde ihr niemand abnehmen. Schließlich heckte sie einen teuflischen Plan aus. Sie setzte sich hin und schrieb dem Tausendfüßler einen Brief:

»Oh unvergleichlicher Tausendfüßler, ich bin eine ergebene Bewunderin deiner erlesenen Tanzkunst! Ich wüsste gerne, wie DU beim Tanzen vorgehst. Hebst du erst das rechte Bein Nummer 221 und dann das linke Bein Nummer 429? Oder beginnst du den Tanz, indem du das linke Bein Nummer 69 und dann das rechte Bein 28 hebst? Ich warte gespannt auf deine Antwort. Freundliche Grüße, die Kröte.«

Als der Tausendfüßler diesen Brief bekam, überlegte er sich zum ersten Mal in seinem Leben, was er beim Tanzen eigentlich machte. Welches Bein bewegte er als erstes? Und genau das war das Ende des tanzenden Tausendfüßlers, denn die Kröte wusste, dass dies geschehen würde, wenn das Denken die Fantasie erstickt!

(frei nach Gustav Meyrink,
aus »Des deutschen Spießers Wunderhorn, gesammelte Werke)

Du bist wertvoll

Eines Tages bat eine Lehrerin ihre Schüler, die Namen aller anderen Schüler in der Klasse auf ein Blatt Papier zu schreiben und ein wenig Platz neben den Namen zu lassen. Dann sagte sie zu den Schülern, sie sollten überlegen, was das Netteste sei, das sie über jeden ihrer Klassenkameraden sagen könnten, und das sollten sie neben den Namen schreiben. Es dauerte eine ganze Stunde, bis jeder fertig war, und bevor sie den Klassenraum verließen, gaben sie ihre Blätter der Lehrerin.

Am Wochenende schrieb die Lehrerin jeden Schülernamen auf ein Blatt Papier und daneben die Liste mit der netten Bemerkung, die ihre Mitschüler über den Einzelnen aufgeschrieben hatten.

Am Montag gab sie den Schülern ihre Listen zurück. Schon nach kurzer Zeit lächelten alle. »Wirklich?«, hörte man flüstern. »Ich wusste gar nicht, dass ich irgendjemandem was bedeute!«, und »Ich wusste nicht, dass mich andere so mögen«, waren die Kommentare.

Niemand erwähnte danach die Listen wieder. Die Lehrerin wusste nicht, ob die Schüler sie untereinander oder mit ihren Eltern darüber diskutiert hatten, aber das machte nichts aus. Die Übung hatte ihren Zweck erfüllt. Die Schüler waren glücklich mit sich und den anderen.

Einige Jahre später war einer der Schüler in Vietnam gefallen und die Lehrerin ging zum Begräbnis dieses Schülers. Die Kirche war überfüllt mit vielen Freunden. Einer nach dem anderen, die den jungen Mann gekannt oder geliebt hatten, gingen am Sarg vorbei und erwiesen ihm die letzte Ehre.

Die Lehrerin ging als Letzte und betete vor dem Sarg. Als sie dort stand, sagte einer der Soldaten, der den Sarg trug, zu ihr: »Waren Sie Marks Mathelehrerin?«

Sie nickte: »Ja.«

Dann sagte er: »Mark hat sehr oft von Ihnen gesprochen.« Nach dem Begräbnis waren die meisten von Marks früheren Schulfreunden versammelt. Marks Eltern waren auch da, und sie warteten offenbar sehnsüchtig darauf, mit der Lehrerin zu sprechen.

»Wir wollen Ihnen etwas zeigen«, sagte der Vater und zog eine Geldbörse aus der Tasche. »Das wurde gefunden, als Mark gefallen ist. Wir dachten, Sie würden es erkennen.« Aus der Geldbörse zog er ein stark abgegriffenes Blatt Papier, das offensichtlich zusammengeklebt, viele Male gefaltet und auseinandergefaltet worden war. Die Lehrerin wusste ohne hinzusehen, dass dies eines der Notizblätter war, auf denen die netten Dinge standen, die seine Klassenkameraden über Mark geschrieben hatten.

»Wir möchten Ihnen so sehr danken, dass Sie das gemacht haben«, sagte Marks Mutter. »Wie Sie sehen können, hat Mark das sehr geschätzt.«

Alle früheren Schüler versammelten sich um die Lehrerin. Charlie lächelte ein bisschen und sagte: »Ich habe meine Liste auch noch. Sie ist in der obersten Schublade meines Schreibtisches.«

Chucks Frau sagte: »Chuck bat mich, die Liste in unser Hochzeitsalbum zu kleben.«

»Ich habe meine auch noch«, sagte Marilyn. »Sie ist in meinem Tagebuch.«

Dann griff Vicki, eine andere Mitschülerin, in ihren Taschenkalender und zeigte ihre abgegriffene und ausge-

franste Liste den anderen. »Ich trage sie immer bei mir«, sagte Vicki und meinte dann: »Ich glaube, wir haben alle die Listen aufbewahrt.«
Die Lehrerin war so gerührt, dass sie sich setzen musste, und weinte. Sie weinte um Mark und für all seine Freunde, die ihn nie mehr wiedersehen würden.

(unbekannter Verfasser)

Im Zusammenleben mit unseren Mitmenschen vergessen wir oft, dass jedes Leben eines Tages endet und dass wir nicht wissen, wann dieser Tag sein wird. Deshalb sollte man den Menschen, die man liebt und um die man sich sorgt, sagen, dass sie etwas Besonderes, Wertvolles und Wichtiges sind.
Sagen Sie es ihnen, bevor es zu spät ist.
Sie können es auch TUN.
Wenn Sie es nicht tun, werden Sie wieder einmal eine wunderbare Gelegenheit verpasst haben, etwas Nettes und Schönes zu tun.
Denken Sie daran: Sie ernten, was Sie säen.
Was man in das Leben der anderen einbringt, kommt ins eigene Leben zurück. Dieser Tag soll ein gesegneter Tag sein und genau so etwas Besonderes wie SIE es sind!

SIE SIND WERTVOLL!!!
DU BIST WERTVOLL!!!

Avri – die fliegende Raupe

Es war einmal, vor sehr langer Zeit, eine Familie von Raupen, die auf einem sehr alten Maulbeerbaum lebten. Sie krochen aus ihren Eiern heraus, aßen während ihres Lebens viele Blätter und vollendeten es, indem sie sich in eine Puppe verwandelten. Diese Raupen hatten eine kluge Weltsicht, aber sie konnten sich nicht vorstellen, wo die Eier herkamen, denen sie entsprangen. Sie nahmen an, dass sie aus diesen Eiern stammten, denn sie sahen, wie die jungen Raupen herausschlüpften. Da die Schmetterlinge aber nachts ihre Eier ablegen, konnten die Raupen nicht wirklich wissen, woher sie kamen.

Trotz allem hätten die Raupen, selbst wenn sie nachts hätten sehen können, die Schmetterlinge nicht wahrgenommen, denn sie können nur nach unten schauen, in Richtung des Blattes, welches sie gerade verzehren wollen. Zudem bevorzugen es die Schmetterlinge, über den Blättern zu fliegen und sie nur selten mit den Enden ihrer Beinchen zu streifen.

Woher stammten die Eier, gibt es ein Weiterleben nach der Verpuppung, diese Fragen interessierten keine große Anzahl von Raupen. Sie waren meist damit beschäftigt, die saftigsten und grünsten Blätter zu verspeisen. Im Allgemeinen beschränkten sich ihre Unterhaltungen darauf, wie man die äußersten Äste erreicht, und wo die grünsten und wohlschmeckendsten Blätter wachsen. Nach ihrer Vorstellung ist man die glücklichste aller Raupen, wenn man es geschafft hat, das entfernteste und grünste Blatt zu erreichen.

Manchmal mussten die Raupen den Maulbeerbaum verlassen und herabsteigen, um dann eine mühsame Reise zu unternehmen: hinüber zum neben-stehenden Baum, denn bei den Nachbarn sind die Blätter immer viel grüner. Aber nach einer kurzen Weile waren sie glücklich, zu ihrem alten guten Baum zurückzukommen, den Geschmack von früher wiederzufinden, den so sehr gemochten Geschmack ihrer Väter und Großväter.

In Wahrheit hatten die Raupen nur vor zwei Dingen Angst: vor heftigen Winden und gierigen Vögeln. Ein plötzlicher Windstoß konnte stark an den Blättern und feinen Zweigen des Baumes rütteln; eine junge Raupe ohne Erfahrung, die noch nicht gelernt hat, sich richtig festzuklammern, so wie es eigentlich notwendig ist, würde plötzlich durch die Luft katapultiert und direkt auf die Erde fallen.

Nach einem solchen Unfall und der Traumatisierung gelang es den wenigsten Raupen, mit letzter Kraft zu ihren Familien zurückzukehren. Jedoch waren sie danach nie mehr dieselben; sie wirkten befremdlich, einige sprachen von fliegenden Umrissen, die sie während ihres Fallens gesehen hatten und die sie »Schmetterlinge« nannten.

Sie konnten wunderschön die Form und Farbe dieser Schmetterlinge beschreiben, jedoch keine der Raupen, einschließlich der ältesten, verstand sie richtig. Anstatt sich ihrer Hauptaufgabe zu widmen und zu kriechen, begannen sie, ihren Blick nach oben zu erheben und so befremdliche Fragen zu stellen, wie: »Das Ei, wie ist es gemacht?«, »Was geschieht den alten Raupen nach ihrer Umwandlung zur Puppe?« und so weiter. Deshalb bezeichneten sie die anderen Raupen als fliegende Raupen.

Manchmal erschienen Raubvögel, von woher, wusste man nicht. Es kam vor, dass eine Raupe in aller Ruhe das Ende

eines besonders grünen Blattes mit einem Kameraden ver-
speiste, und plötzlich ohne jegliche Vorwarnung fasste ein
gewaltiger Schnabel den Kameraden um den Hals und
nahm ihn in Richtung des Himmels mit. In diesem Fall war
es nicht wie bei den Raupen, die durch Windstöße mitgenommen wurden. Nein, man konnte sicher sein, jene
nicht mehr wiederzusehen, die in das Land der Vögel getragen wurden, von wo niemand, sogar die kräftigste Raupe
nicht mehr zurückkam.

Der einzige Schutz, den die Raupen gegen die Raubvögel
hatten, war nur präventiv: Die Alten lehrten die Jüngeren,
nicht aufzufallen. »Du kannst auf der Unterseite des Blattes
bleiben«, sagten die Alten zu ihren Schülern. »Dort werden
dich die Vögel nicht entdecken, aber du wirst bei dem ersten Windstoß herunterfallen.«

»Die zweite Regel, an die du dich immer erinnern musst,
ist, dass du an den Enden der Zweige sichtbar bist, bleibe
also immer in der Gruppe, in der Mitte des Baumes.«

»Und wenn ich bis zum Gipfel gehen möchte, um ein
gutes, kleines, grünes Blatt zu probieren, ein ganz frisches?«, erkundigte sich der Schüler.

»Du musst wissen, dass du dich in diesem Fall einer sehr
großen Gefahr aussetzt«, antworteten die Alten, »du könntest abstürzen oder sogar gefressen werden.«

»Die dritte Regel ist, dass man langsam vorrücken muss.
Kein Blatt ist jemals einer Raupe entkommen. Seid euch
immer bewusst: Wer schnell geht, kann schnell das Leben
verlieren!«

Avri schlüpfte aus einem grauen Ei auf die Welt und das war
ein sicheres Zeichen für zukünftige Probleme. Die Mehrzahl
der Raupen, die aus grauen Eiern zur Welt kamen, wurden

später zu keiner Puppe. Und es ist eine Tatsache, dass Avri, nachdem er auf die Welt gekommen war, als Erstes fragte: »Welches ist der kürzeste Weg, um die Spitze zu erreichen?« Die Alten haben so gut wie möglich versucht, ihn zu bremsen, aber leider vergeblich. Er wollte so schnell wie möglich groß werden, deshalb machte er so ziemlich alle Dummheiten, die eine Raupe so anstellen kann.

Er rückte schnell vor, er aß die Blätter von der Oberseite. Er besaß einfach nicht die Zeit, auf ihre Unterseite zu rutschen. Ständig hatte er nur ein Ziel vor Augen: das oberste Ende der Baumkrone zu erreichen. Alle anderen Raupen, die seinen Weg kreuzten, rieten ihm, langsam zu machen, sich zu beruhigen, sich auszuruhen und sich um sich selbst zu kümmern, doch er hörte nicht auf sie. Nach zweieinhalb Wochen hatte er fast die Krone erreicht und schritt von Zweig zu Zweig fort. Seine Beine waren fest, seine Kiefer waren stark geworden und die Klauen hatten sich geschärft, aber trotzdem war er mager, weil er sich nicht die Zeit nahm, richtig viel zu essen, und weil er viel Energie für seinen erschöpfenden Marsch verbrauchte. Je weiter er aufstieg, desto mehr erschien ihm das Licht der Sonne und das ermutigte ihn.

Die Blätter wurden immer grüner und ließen Stücke blauen Himmels erscheinen. Er hatte viele Raupen gesehen, die in der Mitte des Baumes angekommen waren und dort blieben, etwas weniger Raupen erreichten das höhere Viertel und waren auch damit zufrieden, noch weniger hatten fast das Ende der Baumkrone erreicht und dort angehalten. »Ihr habt doch so viel Energie verbraucht«, fragte sie Avri, »weswegen macht ihr nicht noch eine kleine Anstrengung, um zu schauen, was es auf der Spitze gibt?«

Als Antwort hörte er alle möglichen Rechtfertigungen: »Ich habe keine Kraft mehr«, »Ich habe Hunger«, »Hier sind die Blätter schon sehr viel grüner als jene, die ich sah« und »Der Baum hat kein Ende, er wächst schneller als wir« und noch viele andere Ausflüchte. Als er das höchste Blatt erreichte, traf er eine graue, gut genährte Raupe, die damit beschäftigt war, das Ende eines Blattes abzunagen.

»Ist es gestattet, mich dazuzugesellen?«, fragte er höflich. »Natürlich«, antwortete ihm die Raupe, während sie weiter an dem Blatt knabberte. Das war ihr letztes Wort, und Avri sah nur noch, wie sie wehrlos zwischen zwei Zangen eines dunklen Schnabels davongetragen wurde. Da wurde Avri von solch einer Angst gepackt, dass seine starken Beine ihn nicht mehr festhalten konnten. Die Legende besagt, dass der Schnabel das Blatt, auf dem Avri saß, herausgerissen hat und somit seinen schwindelerregenden Fall verlangsamte und abbremste.

Auf der Erde angekommen, rappelte er seine verbliebenen Lebensgeister zusammen, um sich bewusst zu werden, was gerade passiert war. Sein Sturz hatte nur einige Sekunden gedauert, aber während dieser Zeit hatten sich eine Menge außergewöhnlicher Dinge ereignet, die seine Angst zum Verschwinden brachten, im Gegenteil, ihm sogar Vergnügen bereiteten.

Am Anfang sah er die anderen Raupen, die mit tief gesenktem Kopf damit beschäftigt waren, Blätter zu verzehren. Er schrie, um gesehen zu werden, aber niemand hatte ihn gehört. Der Lärm der nagenden Kiefer erstickte jeden anderen Laut. Dann sah er schöne mehrfarbige Kreaturen, die neben den Raupen und zwischen den Blättern hin- und herflogen. Sie drückten sich gegeneinander oder legten

Eier. »Das sind wahrscheinlich Schmetterlinge«, dachte er. Er hätte schwören können, dass er hörte, wie sie untereinander sprachen oder, genauer gesagt, untereinander sangen, und dieser Gesang war überaus angenehm zu hören. Er begann zu denken, dass er wohl gestorben war und in der anderen Welt sei, aber er fühlte noch diesen fürchterlichen Schock und hatte sich deshalb zum Ausruhen auf einem am Boden liegenden Blätterteppich ausgestreckt. Das ließ ihn wieder in die Wirklichkeit zurückkehren, die er soeben für einige Sekunden verlassen hatte: Nun war er nur eine einfache, kleine, graue Raupe.

Nach einer erschöpfenden Reise, die eine weitere Erzählung wert wäre, kehrte Avri in die Gesellschaft der Raupen zurück. Sehr schnell begriff er, dass er nichts Gemeinsames mehr mit den anderen hatte. Die grünen Blätter interessierten ihn nicht mehr, sogar die Baumkrone war eine Etappe, die zur Vergangenheit gehörte. So beschloss er, Schmetterling zu werden. Man sagte ihm: »Seitdem du gefallen bist, stimmt irgendetwas nicht in deinem Kopf, lass uns in Ruhe und webe dir eine Puppe!«

Diese Worte stellten in der Welt der Raupen eine Beleidigung dar, und Avri gehörte nicht zu denen, die die Worte auf die leichte Schulter nahmen, da sie ihm auch im Zorn entgegengebracht wurden. So begann er, das Phänomen der Verpuppung zu untersuchen. Er erinnerte sich, dass die Schmetterlinge sehr stark den Raupen ähnelten, jedoch Flügel hatten. Könnte es sein, dass es geflügelte Raupen sind?

Eine Sache war sicher und vom Beginn der Nachforschungen an klar, keiner hatte es bisher für nötig gehalten, ihm diesen Vorgang irgendwie zu erklären. Es interessierte ganz einfach niemanden. Wenn es jemand mit guten Absichten untersucht und überprüft hätte, wäre bestimmt bemerkt worden, dass von den Raupen innerhalb der Puppe keine Spur zurückblieb. Wo gingen sie also hin? Könnte es denn sein, dass sie einfach nur so verschwanden?

Avri beschloss, einer alten Raupe zu folgen und den gesamten Vorgang zu untersuchen. Er beobachtete, dass sie mit der Zeit immer größer und größer wurde, immer mehr ermüdete und sprach, dass sie genug davon habe, Blätter zu essen, dass, selbst wenn ihr ein gutes, kleines, frisches Blatt vom Ende des Baumes gebracht werden würde, es sie nicht mehr reizen würde. Dann hörte er sie endlich sagen – worauf er schon so lange gewartet hatte –, dass sie zur Puppe werden wollte.

»Es ist ein ganz natürlicher Vorgang«, sagte die alte Raupe, und sie begann damit, ein Tuch zu weben. »Tu mir einen Gefallen«, bat Avri, »wenn du nach der Verpuppung ein Schmetterling wirst, kommst du mich besuchen, einverstanden?«

»Hör doch mit diesen Dummheiten auf«, antwortete ihm die Raupe. »Du und ich, wir wissen, dass die Puppe das Ende ist.« Aber Avri flehte sie immer wieder an, bis sie schließlich einverstanden war, damit er endlich aufhörte, sie zu belästigen, während sie ihre Puppe weiter wob. Nach zwei Tagen war die Raupe von einem schönen runden Kokon bedeckt, bis sie schließlich ganz in seinem Inneren verschwand.

Aber Avri gab nicht auf. Der Eigensinn war in ihm bereits durch seine grauen Gene vorherbestimmt, und er nutzte diese Eigenschaft bis zum Schluss. Tage und Nächte verbrachte er bei der Puppe und lehnte es ab, den abschreckenden Reden seiner Freunde zuzuhören, die versuchten, ihn davon zu überzeugen, wieder in ein normales Leben zurückzukommen. »Ich habe überhaupt keine Lust und Appetit, mir Blätter zu erträumen, wenn ich mein Leben in einer Puppe beenden muss. Wenigstens will ich wissen, was aus mir wird.«

Er schlief praktisch nicht mehr, denn er befürchtete, dass etwas passieren könnte, während er ruhte. In den dunklen Nächten, als die Sicht stark begrenzt war, schlummerte er ein wenig, indem er sich auf die Puppe stützte, um geweckt zu werden, wenn diese auch nur die geringste Bewegung machte. Und genau dies geschah. Gerade, als die ersten Zeichen von Hoffnungslosigkeit sich in ihm breitmachten, als der Hunger ihm seinen leeren Magen verdrehte, begann die Puppe, sich zu bewegen.

Dieses Schauspiel brachte ihm die Hoffnung zurück. Nach und nach begann sich die Puppe langsam zu spalten, bis ein Riss sich gänzlich auftat ... und ein kleiner schwarzer Kopf daraus hervorschaute. Einige Sekunden rüttelte es so stark, dass Avri einen Sprung rückwärts machte. Die Puppe hatte sich in zwei Teile geöffnet, und zwei farbige Flügel, die genauso aussahen wie jene, die er während seines Absturzes gesehen hatte, entfalteten sich majestätisch. Sie machten eine Bewegung in der Luft und brachten einen prächtigen Schmetterling Stück für Stück, vor dem Hintergrund des blauen Himmels, zum Vorschein. Avri fuhr erschrocken zusammen und sein Herz bebte.

Er sah um sich herum, um diesen Anblick mit den anderen Raupen zu teilen, aber niemand bemerkte, was sich gerade ereignet hatte. Sie waren alle damit beschäftigt, die Blätter zu verzehren, sich vor den Vögeln zu verstecken und neue grüne Blätter zu suchen. Er hätte »Hallo, schaut doch, ich habe Recht gehabt!« schreien können, aber er wusste, dass niemand es hören würde. Die Tage des sehr angespannten Wartens, die ganze Aufregung sowie die Enttäuschung, die auf die lange Einsamkeit zurückzuführen war, quälten ihn. Er hörte nun einfach auf, sich am Blatt festzuhalten, hob seine Beine nach vorne, streckte sie nach oben, so als ob er um Hilfe bitten würde, und er begann zu fallen, gänzlich gefühllos gegenüber dem, was ihn umgab.

Als er wieder zu Bewusstsein kam, verstand er nicht sofort, wo er sich befand. Der Ton eines fröhlichen Gesangs erinnerte ihn an den ersten Sturz, aber dieses Mal war er sehr viel näher, klarer und viel wahrnehmbarer. Die Blätter des Baumes glitten mit hoher Geschwindigkeit vor seinen Augen vorüber, aber zu seinem großen Erstaunen bewegten sie sich von links nach rechts, und nicht von oben nach unten. Vielleicht hat mich ein Vogel mitgenommen, dachte er, aber das stimmt nicht« unterbrach er sich selbst. Er sah hinter sich und blickte in die Augen, die ihm sehr bekannt schienen. Aber das sind doch die Augen der alten Raupe, die sich in eine Puppe verwandelte. »Ich hatte es dir ja versprochen, ich halte mein Wort«, sang sie und lächelte.

»Warum singst du?«, fragte er, »und wo bin ich?«

»Ich singe, weil es jetzt meiner Natur entspricht, du bist zwischen meinen Beinen, wir fliegen zusammen.«

Avri hatte es schwer, den Überblick zu bekommen und die Situation, die sich ihm eröffnete, zu erfassen. Der Schmetterling stieg immer höher und höher, und zum ersten Mal in seinem Leben sah er den Maulbeerbaum von oben. Er sah die ganz grünen und die abgenagten Bereiche, das Zusammenströmen der Raupen, einige in Richtung der Baumkrone, und er sah sogar die benachbarten Bäume.

»Wo möchtest du, dass ich dich ablege?«, sang der Schmetterling.

»Wer möchte abgelegt werden?«, antwortete ihm Avri, indem er die Melodie des Schmetterlings wieder aufnahm.

Sogar, als sie auf einen der meistbevölkerten Zweige herabflogen, bemerkte sie niemand. Ein alter Schmetterling hatte sich in der Nähe von ihnen niedergelassen, um Eier zu legen.

»So passiert es also?«, fragte Avri.

Der Schmetterling sah ihn lächelnd an, sein Gesicht strahlte vor Glück: »Was habe ich nur für ein großes Glück, mit einer Raupe zu sprechen!«

»Wie meinst du das?«, fragte Avri.

»Ich habe noch nie mit Raupen gesprochen«, antwortete der Schmetterling. »Das heißt, seit dem Zeitpunkt, als ich aufgehört habe, selbst eine Raupe zu sein.«

»Weswegen tragt ihr nicht alle Raupen über den Baum?«, sprach Avri interessiert.

»Es gibt nichts, was wir uns mehr wünschen würden, aber wir können es nicht tun!«

»Aber wie konntet ihr es dann für mich machen?«, erwiderte Avri, ohne Ruhe zu geben.

»Weil du es wolltest«, war die Antwort. »Du hast deine Beine hochgehoben und nach oben gestreckt, weil es genau das war, was du wirklich wolltest und nichts anderes. Deshalb konnte ich dich an den angehobenen Beinen nehmen, erinnerst du dich daran?«, fügte die ehemalige alte Raupe hinzu und machte einen Flügelschlag.

Seit diesem schicksalhaften Tag flog Avri lange, lange Zeit mit den Schmetterlingen umher. Nach und nach lernte er mehrere ihrer Melodien und er machte sich zahlreiche Freunde unter ihnen. Von jedem lernte er etwas Neues aus der Welt der Schmetterlinge und er genoss dabei ein unermessliches Vergnügen.

Sogar, als er wieder begann, Blätter zu nagen, fand er an ihnen einen Geschmack, den er bis dahin nicht kannte. Er gab ihnen den Namen »Krönender Geschmack« oder »Sinn des Lebens«. Jetzt, zum ersten Mal in seinem Leben, sah er in dem eintönigen Abnagen der Blätter einen Sinn. Er wusste, dass er, wenn er viel äße, viel Kraft für eine lange Zeit des Fliegens hätte und so den Schmetterlingen, die mit ihm im himmlischen Gewölbe spazierten, ein riesiges Vergnügen bereiten würde. Er genoss das Vergnügen, das er ihnen bereitete, und sein Glück war grenzenlos.

Allerdings begann er mit der Zeit, sich immer mehr um seine Brüder, die Raupen, zu sorgen.

Wenn sie nur wüssten, was ihnen entgeht, dachte er bei sich, indem er den Kopf hochhob und nach den Flügeln der Schmetterlinge Ausschau hielt. Würden sie nur mit dem Knabbern aufhören, um die unaufhörlichen Gesänge zu hören, sie würden ihre Beine nach oben ausstrecken, fest davon überzeugt, nicht fallen zu können. Denn mit Sicherheit würde ein Schmetterling sie auffangen, bevor sie auf den Boden fielen. Er fühlte, dass seine Einsamkeit unter den Artgenossen mit dem Glück und der Freude wuchs, die ihm die Welt der Schmetterlinge verschaffte.

Ich bin sicher, dass man es ihnen erklären kann, dachte er aus tiefstem Seelengrund, und er beschloss, sich einer neuen Unternehmung hinzugeben: den Raupen die Welt der Schmetterlinge zu erklären. Vielleicht bin ich eine besondere Raupe, aber ich bin sicher, dass es noch mehr von meiner Sorte gibt, Suchende, die nicht wissen, was sie wollen, fehlgeleitet wie ein Blinder im Nebel. Ich werde ihnen den Weg zeigen. Beleidigen wird es niemanden, aber wenigstens habe ich versucht, jenen zu helfen, die Hilfe suchen.

Die Zeit war nun auch für Avri gekommen, sich in eine Puppe zu verwandeln, in aller Stille und in dem Bewusstsein, dass er das Ziel seines Lebens als Raupe verwirklicht hatte. Als sein Erbe hinterließ er präzise Karten von der Struktur des Baumes und des Waldes, Pläne über die kürzesten Wege zur Baumkrone, eine detaillierte Anatomie des Aufbaus der Schmetterlinge, sowie den Ablauf der Eiablage und des Schlüpfens, und sogar Karten der besonders zum Verzehr empfohlenen und geschützten Bereiche.

Er wusste, dass eine Raupe, wenn sie mit einem mächtigen Verlangen zu fliegen geboren würde, die von ihm hinterlassenen Informationen gut nutzen könnte, selbst dann, wenn die Mehrzahl der Raupen die Karten nur dazu gebrauchen würden, die grünsten und besten Blattzonen schneller zu finden.

Eine geringe Anzahl der Raupen ging mit Hilfe der Anleitungen auf die Suche nach der Baumkrone. Wenige von ihnen versuchten mit seinen Arbeiten die Struktur des Eies und der Puppe zu untersuchen, und nur vereinzelte, seltene Unikate stellten sich die Frage: »Woher kommen seine so einfachen Lösungen für solch komplexe Probleme? Woher hatte er den Sinn für diese herrlichen Gesänge erhalten, die er komponierte? Wie können auch wir aus der Quelle dieser Erkenntnisse schöpfen und daran teilhaben?«

Avri war die erste der fliegenden Raupen seiner Dynastie. Viele, die nach ihm zur Welt kamen, sind einen ähnlichen

Weg gegangen, und jeder hat zu den Kenntnissen seiner Vorgänger etwas hinzugefügt. Sie haben die Welt der Schmetterlinge für jene beschrieben, die nach ihnen kommen würden. Sie wussten bereits, dass die Schmetterlinge die Raupen mehr lieben, als diese es sich jemals vorstellen konnten.

Sie wussten ebenso, dass der Tag kommen würde, an dem alle Raupen in die Lüfte fliegen und die Schmetterlinge ihnen dabei helfen würden. Dann wäre der Höhepunkt der Vollendung und der Freude in der Welt der Schmetterlinge und der Raupen erreicht.

Auf diesen Tag warteten sie und versuchten durch all ihre Möglichkeiten, ihn näherzubringen.

(von Gilad Shadmon,
Übersetzung von Peter Staaden)

Seesterne retten

Ein furchtbarer Sturm kam auf. Der Orkan tobte. Das Meer wurde aufgewühlt und meterhohe Wellen brachen sich ohrenbetäubend laut am Strand.

Nachdem das Unwetter langsam nachließ, klarte der Himmel wieder auf. Am Strand lagen aber unzählige Seesterne, die von der Strömung an den Strand geworfen worden waren.

Ein kleiner Junge lief am Strand entlang, nahm behutsam Seestern für Seestern in die Hand und warf sie zurück ins Meer.

Da kam ein Mann vorbei. Er ging zu dem Jungen und sagte: »Du dummer Junge! Was du da machst, ist vollkommen sinnlos. Siehst du nicht, dass der ganze Strand voll von Seesternen ist? Die kannst du nie alle zurück ins Meer werfen! Was du da tust, ändert nicht das Geringste!«

Der Junge schaute den Mann einen Moment lang an. Dann ging er zum nächsten Seestern, hob ihn behutsam vom Boden auf und warf ihn ins Meer. Zu dem Mann sagte er: »Für ihn wird es etwas ändern!«

(unbekannter Verfasser)

Ein stures Kälbchen

Zwei starke Männer mühten sich, schoben und zerrten ein Kalb mit allen ihnen zur Verfügung stehenden Kräften – vergeblich. Das Kälbchen blieb stur stehen. Je mehr die Männer drängten, umso sturer wurde das Kalb.
Bis ein kleines Mädchen des Weges kam.
Sie sah die beiden Männer, schüttelte den Kopf und ging wortlos zum Kälbchen hin. Das Mädchen gab dem Kälbchen seinen Finger und ließ es einige Zeit daran nuckeln, dann ging es langsam in den Stall. Das Tier folgte dem Nuckelfinger ganz freiwillig.
»Es ist ganz einfach, in jemandem einen Wunsch zu wecken – egal ob bei einem Tier oder bei einem Menschen! Denn die Motivation kommt nicht aus dem Kopf, sondern aus dem Herzen«, lächelte das Mädchen die zwei verdutzt dreinblickenden Männer an und zog fröhlich ihres Weges weiter ...

(unbekannter Verfasser)

Die drei Söhne

Drei Frauen kommen an einen Brunnen, um Wasser zu schöpfen.

»Meinen Sohn solltet ihr singen hören«, sagt die Erste, »das klingt so schön, als wenn eine Nachtigall singen würde.«

Die Zweite sagt: »Mein Sohn ist stark und schnell. Er schleudert einen Stein fast bis zu den Wolken und fängt ihn dann wieder auf.«

Die Dritte schweigt. Da fragen die anderen: »Und dein Sohn?«

»Was soll ich erzählen«, sagt sie, »mein Sohn ist auch ein junger Bursche wie jeder andere auch.«

Nun machten sich die drei Frauen auf den Heimweg. Die Sonne brennt, der Wassereimer wird schwer. Da kommen den drei Frauen ihre drei Söhne entgegen. Der erste singt so schön wie eine Nachtigall, der zweite schleudert Steine in die Luft und fängt sie wieder. Der dritte aber läuft zu seiner Mutter und nimmt ihr den Eimer ab.

Ein alter Mann neben dem Brunnen hat alles mit angesehen. Eine der drei Frauen fragt ihn: »Nun, was sagst du zu unseren drei Söhnen?«

»Drei Söhne?«, fragt der Alte, »ich sehe nur einen.«

(von Leo N. Tolstoi)

Ausdauer

Junge Menschen träumen nicht nur, sie brechen auch zum Kampf auf. Entweder sind sie voller Eifer in der Schulmannschaft oder in einem Team der unteren Liga. Sie stürzen sich mit voller Kraft in den Wettkampf.

Sie wollen jemand sein. Sie geben nicht so schnell auf. Sie kämpfen.

Die meisten Menschen nahmen tatsächlich in der Schule zum letzten Mal an einem Wettkampf teil. Dieses Wettkampfgefühl darf man als Erwachsener aber nicht einfach verlieren. Das habe ich selbst bei meinen unzähligen Marathons und verrückten Ironmans (Ultratriathlon) gespürt.

Man muss sein starkes Selbstwertgefühl erhalten, muss sich als ein Gewinner sehen, muss sich hinaustrauen aus der Komfortzone und mithalten im Wettkampf des Lebens. Man geht zur Arbeit, bewaffnet sich – sinnbildlich – mit einem Boxhandschuh und kämpft.

Sicherlich kennen Sie die folgende Geschichte schon, aber sie sagt mehr über unsere Wettbewerbsfähigkeit aus als alles andere, was ich je gehört habe.

Der größte amerikanische Politiker stand mit Misserfolgen in seinem Leben stets auf vertrautem Fuß. Er verlor acht Wahlen, ging zweimal als Geschäftsmann pleite und erlitt einen Nervenzusammenbruch.

Sein Weg zum Erfolg sah folgendermaßen aus:

- mit 31 eine geschäftliche Pleite erlebt
- mit 32 einen Wahlkampf verloren
- mit 34 eine neue Pleite erlebt

- mit 35 den Tod seiner Geliebten überwunden
- mit 36 einen Nervenzusammenbruch
- mit 38 eine Wahl verloren
- mit 43 im Kongress unterlegen
- mit 46 im Kongress unterlegen
- mit 48 im Kongress unterlegen
- mit 55 im Kampf um einen Senatorenplatz unterlegen
- mit 56 sein Ziel, Vizepräsident zu werden, nicht erreicht
- mit 58 im Kampf um einen Senatorenplatz unterlegen
- mit 60 zum Präsidenten der Vereinigten Staaten von Amerika gewählt

Der Mann heißt Abraham Lincoln. Er war ein Kämpfer, der nie aufhörte zu kämpfen, trotz häufig misslungener Versuche, die jeden anderen zerschmettert hätten. Er kämpfte ausdauernd einfach weiter, bis er schließlich gewann!

(unbekannter Verfasser)

Der Weg des Buddha

In seiner Jugend lebte er als Prinz, umgeben von Luxus in einem Palast, abgeschirmt von der Welt.

Als er eines Tages den Palast verließ und das Elend und Leid um sich herum sah, war er verzweifelt. Er konnte nicht erkennen, warum es so viel Leid auf der Welt gab, und suchte eine Antwort. Und so fasste er einen Entschluss – er machte sich auf den Weg.

Er zog von einem Meister zum anderen, immer auf der Suche nach einer Antwort auf seine drängenden Fragen, doch keiner konnte ihm eine wirkliche Antwort geben.

So vergingen sieben lange Jahre, in denen er immer verzweifelter wurde. Eines Tages saß er unter einem uralten Bodhibaum und gab auf. Gab all seine Hoffnungen auf, doch noch eine Antwort zu finden, aber auch seine ganze Verzweiflung, ließ alles los und ergab sich Gott.

Und in diesem Augenblick geschah das Wunder – er gelangte zur Erleuchtung. Er erkannte, dass er gar nichts wirklich Hilfreiches tun konnte, und überließ sich dem Wirken des Schöpfers. Er erkannte Gott in sich – sein wahres Selbst! Er war einverstanden mit dem Leben und mit dem, was Gott mit ihm vorhatte, und im gleichen Augenblick geborgen im »Großen Ganzen«. Er erkannte sich als »all-ein«, und das gab ihm Ruhe und Zuversicht. Er war nur der stille Beobachter, der zusah, wie die Schöpfung geschieht.

Nicht er handelte mehr, sondern »es« handelte durch ihn. Er überließ sich ganz dem Geschehen, wagte den Sprung in den Fluss des Lebens und ließ sich tragen.

Wenn alles von uns abfällt, was uns ausmacht, sind wir frei von der Illusion des Ichs und werden zum Selbst.
Es ist nichts mehr zu tun – alles ist geschehen und geschieht ewig.
Alles ist plötzlich ganz einfach …

(unbekannter Verfasser)

Die Angst der Kerze

Eines Tages kam ein Zündholz zur Kerze und sagte: »Ich habe den Auftrag, dich anzuzünden.«

»Oh nein!«, erschrak da die Kerze. »Nur das nicht. Wenn ich brenne, sind meine Tage gezählt! Niemand wird mehr meine Schönheit bewundern!« Und sie begann zu weinen.

Das Zündholz fragte: »Aber willst du denn dein Leben lang kalt und hart bleiben, ohne je gelebt zu haben?«

»Aber brennen tut doch weh und zehrt an meinen Kräften«, schluchzte die Kerze unsicher und voller Angst.

»Das ist schon wahr«, entgegnete das Zündholz. »Aber das ist doch auch das Geheimnis unserer Berufung: Wir sind berufen, Licht zu sein. Was ich tun kann, ist wenig. Zünde ich dich aber nicht an, so verpasse ich den Sinn meines Lebens. Ich bin dafür da, das Feuer zu entfachen. Du bist die Kerze. Du solltest für andere leuchten und Wärme schenken. Alles, was du an Schmerz, Leid und Kraft hingibst, verwandelt dich in Licht. Du gehst nicht verloren, wenn du dich verzehrst. Andere werden dein Feuer weitertragen. Nur wenn du dich versagst, wirst du sterben.«

Da spitzte die Kerze ihren Docht und sprach voller Erwartung: »Ich bitte dich, zünde mich an!«

(unbekannter Verfasser)

Der Laden Gottes

Ich trat ein und sah einen Engel hinter dem Verkaufstresen. Verwundert und überrascht sagte ich: »Heiliger Engel des Herrn, was verkaufst du?«

»Das sind alles Gaben Gottes«, antwortete er mir.

»Sind sie teuer?«

»Nein, es ist alles kostenlos.«

Ich sah mich aufmerksam im Laden um. Es gab Krüge voll Glück, Päckchen mit Hoffnung, Körbe, die mit Zufriedenheit überquollen, Schachteln gefüllt mit Hinweisen und Weisheiten, Tüten mit Vertrauen.

Mut fassend bat ich: »Ach, ich möchte gerne ein Glas Glauben, viel Glück und Frieden für mich und meine Familie, meine Nachbarn und Freunde. Reichlich Dankbarkeit auch, Vergebung und eine große Liebe zu allen.«

Eilfertig bereitete mir der Engel des Herrn eine kleine Packung, die leicht in meiner Hand Platz hatte.

Überrascht sagte ich: »Hast du alles, um das ich dich bat, in dieses winzige Päckchen getan?«

Lächelnd antwortete der Engel: »Mein lieber Mensch, im Laden Gottes verkaufen wir keine Früchte, es gibt nur Samen!«

(unbekannter Verfasser)

Der Sprung im Wassertopf

Ein Wasserträger in Indien hatte zwei große Töpfe. Sie hingen von je einem Ende einer Stange, die er quer über seinen Nacken trug. Einer der Töpfe hatte einen Sprung. Der andere Topf war perfekt. Aus diesem perfekten Topf bekam der Wasserträger immer eine volle Portion Wasser.

Aber am Ende des langen Spazierganges von dem Bach zum Haus war der Topf mit einem Sprung nur halbvoll. Das passierte täglich zwei Jahre lang und der Wasserträger hatte immer nur einen halben Topf Wasser, wie er zu Hause ankam.

Natürlich war der perfekte Topf sehr stolz auf seine Leistungen. Aber der arme Topf mit einem Sprung machte sich selbst immer Vorwürfe und schämte sich, dass er nur die halbe Leistung erbringen konnte.

Eines Tages, nach zwei Jahren bitterer Selbstvorwürfe, sprach der Topf den Wasserträger beim Bach an. »Ich schäme mich und möchte mich bei dir entschuldigen. Der Sprung auf meiner Seite macht es mir nicht möglich, das ganze Wasser zu dir nach Hause zu bringen. Den ganzen Weg entlang tröpfelt das Wasser hinaus. Weil ich fehlerhaft bin, bekommst du, trotz deiner schweren Arbeit, nicht alles, was du bekommen solltest«, sagte der Topf.

Der Wasserträger sagte zum Topf: »Aber ist dir nicht aufgefallen, dass es auf deiner Seite des Weges wunderschöne Blumen gibt? Auf der anderen Seite gibt es keine. Ich habe immer gewusst, dass du einen Sprung hattest. Und deswegen habe ich Blumensamen auf deiner Seite des Weges gesät. Jeden Tag auf dem Weg nach Hause bewässerst du sie. Und seit zwei Jahren kann ich diese Blumen pflücken und mein Haus damit schmücken.

Wenn du anders wärst als du bist, würde ich auf diese Schönheit in meinem Haus verzichten müssen. Ich danke dir für die Freude, die du mir jeden Tag gemacht hast!«

(unbekannter Verfasser)

Die Spitze eines hohen Turmes

Eine Gruppe von Menschen hatte sich zum Ziel gesetzt, die Spitze eines hohen Turmes zu erreichen. Es haben sich einige hundert Zuschauer am Fuße des Turmes versammelt, um sich dieses Ereignis nicht entgehen zu lassen. Doch glaubte von den Zuschauern niemand so richtig, dass die Menschen die hohe Turmspitze erreichen könnten. Sie riefen wie im Chor: »Das ist zu anstrengend!«, »Der Turm ist viel zu hoch!«, »Die werden da nie ankommen!«, »Das schaffen die nie!« und so weiter. Die Menschen resignierten angesichts dieser negativen Zurufe schon auf den ersten Metern. Bis auf einen, der kletterte kraftvoll weiter. Die Zuschauer riefen hinterher: »Gib auf, das schaffst du nicht, dafür hast du nicht die Ausdauer, sieh es doch ein!« Aber dieser Mensch hörte nicht auf zu klettern und erreichte als Einziger mit einem enormen Kraftaufwand die Turmspitze. Jetzt klatschten die Zuschauer begeistert Beifall und als er wieder auf dem Boden zurück war, gingen die anderen Kletterer auf ihn zu. Sie wollten von ihm wissen, wie er diese großartige Leistung vollbringen konnte. Da stellte sich heraus, dass der Mann TAUB war.

(unbekannter Verfasser)

Hören Sie nicht auf die Meinung von Menschen, die Ihnen die schönsten Wünsche und Hoffnungen, die Sie in Ihrem Herzen tragen, stehlen wollen und negativ auf Sie einreden. Denken Sie immerfort an die Worte des französischen Schriftstellers Victor M. Hugo: *»Nichts ist auf der Welt so mächtig, wie eine Idee, deren Zeit gekommen ist.«*

Welpen zu verkaufen

In einer Tierhandlung war ein großes Schild zu lesen, auf dem stand: »Welpen zu verkaufen«. Ein kleiner Junge kam vorbei und sah das Schild. Da der Ladenbesitzer gerade an der Tür stand, fragte er ihn: »Was kosten die Hundebabys?« »Zwischen 50 und 80 Euro«, sagte der Mann.

Der kleine Junge griff in seine Hosentasche und zog einige Münzen heraus. »Ich habe 7 Euro und 65 Cents«, sagte er. »Darf ich sie mir bitte anschauen?«

Der Ladenbesitzer lächelte und pfiff nach seiner Hündin. Fünf kleine Hundebabys stolperten hinter ihr her. Eines von ihnen war deutlich langsamer als die anderen und humpelte auffällig.

»Was hat der Kleine da hinten?«, fragte der Junge.

Der Ladenbesitzer erklärte ihm, dass der Welpe einen Geburtsschaden hatte und nie richtig laufen würde. »Den möchte ich kaufen«, sagte der Junge.

»Also den würde ich nicht nehmen, der wird nie wieder ganz gesund«, antwortete der Mann. »Aber, wenn du ihn unbedingt haben willst, schenke ich ihn dir.«

Da wurde der kleine Junge wütend. Er blickte dem Mann direkt in die Augen und sagte: »Ich möchte ihn nicht geschenkt haben. Dieser kleine Hund ist jeden Cent wert, genauso wie die anderen auch. Ich gebe Ihnen meine 7,65 Euro und werde jede Woche einen Euro bringen, bis er abgezahlt ist.«

Der Mann entgegnete nur: »Ich würde ihn wirklich nicht kaufen – er wird niemals in der Lage sein, mit dir zu rennen und zu toben wie die anderen.«

Da hob der Junge sein Hosenbein und sichtbar wurde eine Metallschiene, die sein verkrüppeltes Bein stützte. Liebevoll auf den Hund blickend, sagte er: »Ach, ich renne selbst auch nicht gut und dieser kleine Hund wird jemanden brauchen, der ihn versteht.«

(von Dan Clark,
aus »Weathering The Storm«)

Schnelligkeit braucht Langsamkeit

Als Till Eulenspiegel zu Fuß zur nächsten Stadt wanderte, überholte ihn eine schnell fahrende Kutsche.

Der Kutscher, der es sehr eilig hatte, rief: »Wie weit ist es bis zur nächsten Stadt?«

»Wenn Ihr langsam fahrt, eine halbe Stunde, wenn Ihr schnell fahrt, zwei Stunden!«, antwortete Eulenspiegel.

»Du Narr!«, schimpfte der Kutscher und trieb seine Pferde noch heftiger an.

Till ging seines Weges. Die Straße hatte viele Schlaglöcher. Eine Stunde später fand er eine Kutsche mit einem Schaden an der Vorderachse im Straßengraben liegend. Der Kutscher blickte Till vorwurfsvoll an, worauf dieser achselzuckend nur anmerkte: »Ich habe Euch doch gesagt: Wenn Ihr langsam fahrt, eine halbe Stunde!«

(von Rudolf-Anton Preyer,
aus »Das Buch des Erfolges«)

Hast du heute schon gelebt?

»Wenn ich noch einmal zu leben hätte,
dann würde ich mehr Fehler machen.
Ich würde versuchen, nicht so schrecklich perfekt sein zu
wollen;
dann würde ich mich mehr entspannen und vieles nicht
mehr so ernst nehmen;
dann wäre ich ausgelassener und verrückter,
ich würde mir nicht mehr so viele Sorgen machen um
mein Ansehen;
dann würde ich mehr reisen und mehr Berge besteigen,
mehr Flüsse durchschwimmen und Sonnenuntergänge be-
obachten;
dann würde ich mehr Eiscreme essen;
dann hätte ich mehr Schwierigkeiten als nur eingebildete;
dann würde ich früher im Frühjahr und später im Herbst
barfuß gehen;
dann würde ich mehr Blumen riechen,
mehr Kinder umarmen und mehr Menschen sagen, dass
ich sie liebe.
Wenn ich noch einmal zu leben hätte,
aber ich habe es nicht …«

(von einem 85-jährigen Mann,
der wusste, dass er bald sterben würde)

Der Mann mit den Bäumen

Die wasserlose Gegend im Süden Frankreichs, am Südrand der Alpen, gleicht einer Wüste. Das nächste Dorf ist mehr als eine Tagesreise entfernt. Vier oder fünf halbverlassene Dörfer mit vielen verfallenen Häusern gibt es in dieser trostlosen Gegend. Die letzten Bewohner sind Köhler mit ihren Familien, die Holzkohle brennen. Das Klima ist rau, die Menschen sind zerstritten; wer kann, zieht weg.

Ein Mann in dieser Einsamkeit erkennt, dass diese Landschaft ganz absterben wird, wenn hier keine Bäume wachsen. So beschließt er, Abhilfe zu schaffen.

Immer wieder besorgt er sich einen großen Sack mit Eicheln. Diese untersucht er mit großer Sorgfalt und scheidet alle schlechten aus. Erst wenn er hundert gute und kräftige Eicheln hat, hört er auf. Bevor er damit weggeht, legt er sie in einen Eimer mit Wasser, damit sie sich richtig vollsaugen. Schließlich nimmt er noch eine Eisenstange mit und zieht los.

An geeigneter Stelle fängt er an, den Eisenstab in die Erde zu stoßen. So macht er ein Loch und legt eine Eichel hinein, dann macht er es wieder zu. So pflanzt er Eichen. 100 000 Eichen in drei Jahren. Er hofft, dass von denen, die ausgetrieben haben, 10 000 übrigbleiben. Bäume in einer Gegend, wo es vorher nichts gegeben hat.

Er weiß nicht, wem diese Gegend gehört. Es stört ihn nicht, unbeirrt verfolgt er seine Idee. Die Veränderung, die geschieht, geht langsam vor sich, dass niemand das Werk dieses Mannes stört. Eine Laune der Natur denken die Jäger und Förster. Schließlich wird der Wald unter Schutz ge-

stellt. An drei Stellen ist ein wunderbarer junger Wald entstanden, elf Kilometer lang und drei Kilometer breit.
Unbeirrt aber widmet sich der alte Mann seinem Werk. Die friedliche und regelmäßige Arbeit in der frischen Höhenluft, seine Genügsamkeit und Einfachheit schenken dem Greis eine Heiterkeit des Herzens und eine stabile Gesundheit. Ohne technische Hilfsmittel, nur mit seiner Hände Arbeit, gelingt es diesem ungebildeten Bauern, ein unvorstellbares Werk zu schaffen.
Nach zehn Jahren hat der Greis einen der schönsten Wälder Frankreichs geschaffen.
Aber es ist noch viel mehr geschehen. Unzählige Wurzeln halten den Regen fest, saugen das Wasser an. Die trockenen Bachbetten sind wieder gefüllt. Es wachsen wieder Weiden, Wiesen und Blumen. Insekten und Vögel kehren zurück. Sogar die Luft verändert sich, sie führt mit sich den Duft der Blätter und Blumen und das leise Rauschen des Wassers. Selbst in den Dörfern verändert sich alles. Ruinen werden weggeräumt, verfallene Mauern abgebrochen, neue Häuser gebaut. Junge Familien ziehen ein, Kinder spielen am Brunnen, Gemüse und Blumen wachsen in den Gärten. Alle haben wieder Lust am Leben. Die Menschen lachen wieder und haben Freude an den ländlichen Festen. An die 10 000 Menschen leben nun in den Dörfern. Ein einziger Mensch hat genügt, um aus einer Wüste ein Stück »gelobtes Land« zu schaffen.
Was sich hier anhört wie ein Märchen, ist eine wahre Geschichte. Und sie beweist sehr eindrucksvoll, dass jeder die Welt verändern kann, wenn er nur will!

(von Jean Giono,
aus »Der Mann mit den Bäumen«)

Der Tempel der tausend Spiegel

Vor vielen hundert Jahren besuchte in Indien ein Hund den Tempel der tausend Spiegel. Nach einer wochenlangen Reise erreicht er den Tempel.

Er steigt die Stufen zum Tempel empor, geht durch die Drehtür und betritt den Tempel der tausend Spiegel. Er blickt in den Spiegel und sieht tausend ängstliche Hunde, bekommt Angst, fletscht die Zähne, und tausend Hunde fletschen ebenfalls die Zähne. Mit eingezogenem Schwanz verlässt er den Tempel in dem Bewusstsein, die Welt sei voller böser Hunde. Und er hat diesen Tempel nie wieder betreten.

Vier Wochen später kommt ein anderer Hund zum Tempel der tausend Spiegel. Auch er geht die Stufen des Tempels empor, geht durch die Drehtür, schaut in den Spiegel und sieht tausend freundliche Hunde. Er wedelt mit dem Schwanz vor Freude und tausend Hunde wedeln ebenfalls mit dem Schwanz. Glücklich und mit dem Bewusstsein, dass die Welt voller freundlicher Hunde ist, verlässt er diesen Tempel.

(indisches Märchen)

Fazit:

Die Welt ist nur ein Spiegelbild unseres Selbst;
strahlen Sie die Welt an – und die Welt strahlt zurück!

Das Mädchen und der Schmetterling

An einem kühlen Herbstmorgen ging ein kleines Mädchen mit ihrem Großvater in dessen Garten, um das Laub zusammenzukehren. In der Wassertonne, die geleert werden sollte, fand sie einen leblosen, bunten Schmetterling. Seine beiden Flügel waren zusammengelegt, so dass sich eine genügend große Wasserfläche ergab, die ein Absinken wohl verhindert hatte.

Das Mädchen hatte ein weiches Herz und nahm zuerst den Falter vorsichtig mit ihrer Hand aus dem Wasser, bevor sie das Wasser ausschüttete, um genau nach ihm sehen zu können. Er war für sie wunderschön, und es tat ihr leid, dass er in die Tonne gefallen war.

Sie setzte ihn vorsichtig auf ein Stück Holz, das von der Morgensonne beschienen wurde. Im Laufe des Vormittags bemerkte sie, dass die Sonne ihm gut zu tun schien, da er seine Flügel wieder öffnen konnte. Zur Mittagszeit war er dann verschwunden.

Ein paar Tage später spielte die Kleine wieder bei ihrem Großvater im Garten, als sie ein wunderschöner Schmetterling umkreiste, der sich schließlich auf ihr Knie setzte und nach ein paar Momenten wieder der Sonne entgegenflog.

Sie freute sich, ihn wiederzusehen. Für sie war es »ihr Schmetterling«, der sich auf seine Weise für ihre Hilfsbereitschaft bedankte.

(unbekannter Verfasser)

Die Schnecke und der Mistkäfer

Es war einmal eine Schnecke, die ganz gemütlich durch die Weiten der Natur robbte, bis sie an einem Kirschbaum ankam, den sie zu erklimmen beabsichtigte.

Während die Schnecke damit begann, Millimeter für Millimeter an diesem Baum hochzuklettern, ertönte von hoch oben eine Stimme, die rief: »Hey, du lahme Schnecke. Nimmst du dir da nicht ein bisschen zu viel vor? Wer hoch hinauswill, fällt meist tief. Lass es sein, du bist nur eine Schnecke. Du schaffst das nie!«

Die Schnecke erkannte hoch oben in dem Baum einen Mistkäfer, der mit aller Kraft versuchte, die Schnecke von ihrem Vorhaben abzubringen. Die Schnecke aber war fest entschlossen, ihr Ziel zu erreichen, und antwortete: »Du kannst sagen, was du möchtest, ich schaffe das. Ich erreiche mein Ziel – ganz gleich, wie schwer es auch wird!«

»Niemals, gib auf! Du bist zu schwach, das kannst du nie. Warum machst du dir das Leben so schwer, finde dich doch damit ab, dass du für solche Aktionen einfach nicht geschaffen bist!«, sagte der Mistkäfer.

»Merkst du eigentlich nicht, dass du nur Blödsinn redest? Wie du siehst, beeindruckt mich dein Geschwätz in keiner Weise. Also, lass mich in Frieden. Du kannst mich nicht davon abhalten, durchzuhalten!«, so die Schnecke.

Der Mistkäfer überlegte, wie er denn die Schnecke aufhalten könnte. Er grübelte und versuchte krampfhaft, einen Weg zu finden, die Schnecke zur Kapitulation zu bewegen. Nach einiger Zeit wendete er sich wieder der Schnecke zu und sagte: »Hey, was bringt dir denn all die Anstrengung, hast du nicht geschnallt, dass noch nicht einmal Kirschen am Baum sind? Die Zeit ist vorbei, da ist nichts mehr zu holen!«

Der Mistkäfer war ganz stolz auf seine tolle Argumentation, bis er von der Schnecke hörte: »Du hast Recht, im Moment sind keine Kirschen an dem Baum, doch bis ich oben angekommen bin, sind wieder welche da!«

So wie die Schnecke haben die meisten Menschen immer irgendeinen »Mistkäfer«, der sie von der Realisierung ihrer Träume abhalten möchte. Höre also niemals auf diese Mistkäfer, sie schaden dir nur!

(unbekannter Verfasser)

Das Geheimnis des Glücks

Eines Tages schickte ein Geschäftsmann seinen Sohn zu dem größten Weisen weit und breit, um ihm das Geheimnis des Glücks beizubringen. Der Jüngling wanderte 40 Tage durch die Wüste, bis er schließlich an ein prachtvolles Schloss kam, das oben auf einem Berg lag. Dort wohnte der Weise, den er aufsuchen sollte. Anstatt nun einen Heiligen vorzufinden, kam der Jüngling in einen Raum, in welchem große Betriebsamkeit herrschte.

Händler kamen und gingen, Leute standen in den Ecken und unterhielten sich, eine kleine Musikkapelle spielte leichte Melodien, und es gab eine festliche Tafel mit allen Köstlichkeiten dieser Gegend. Der Weise unterhielt sich mit jedem Einzelnen, und der Jüngling musste zwei volle Stunden warten, bis er an der Reihe war.

Der Weise hörte sich aufmerksam seine Geschichte an, sagte jedoch, er habe im Moment keine Zeit, ihm das Geheimnis des Glücks zu erklären. Er empfahl ihm, sich im Palast umzusehen und in zwei Stunden wiederzukommen.

»Aber ich möchte dich um einen Gefallen bitten«, fügte der Weise hinzu und überreichte dem Jüngling einen Teelöffel, auf den er zwei Öltropfen träufelte. »Während du dich hier umsiehst, halte den Löffel, ohne dabei das Öl auszuschütten.«

Der Jüngling stieg treppauf und treppab, ohne den Blick von dem Löffel zu lösen. Nach zwei Stunden erschien er wieder vor dem Weisen. »Na«, fragte dieser, »hast du die kostbaren Perserteppiche in meinem Esszimmer gesehen? Und den prachtvollen Park, den der Gärtnermeister innerhalb von nur zehn Tagen anlegte? Und die schönen Pergamentrollen in meiner Bibliothek?«

Beschämt musste der junge Mann zugeben, dass er nichts von alledem gesehen hatte, weil seine ganze Aufmerksamkeit dem Teelöffel mit dem Öl gegolten hatte, das ihm anvertraut worden war.

»Also, dann zieh noch einmal los und schau dir all die Herrlichkeiten meiner Welt genau an«, sagte der Weise. »Man kann einem Menschen nicht trauen, bevor man sein Haus nicht kennt.«

Nun schon etwas ruhiger, nahm er wieder den Löffel und machte sich erneut auf den Weg, doch diesmal achtete er mehr auf all die Prachtgegenstände, die an den Wänden und Decken hingen. Er sah den Park, die Berge. Ringsherum die Vielfalt der Blumen, die Vollendung, mit der jeder Kunstgegenstand am richtigen Ort eingefügt war.

Zurück beim Weisen schilderte er ausführlich, was er alles gesehen hatte. »Aber wo sind die beiden Öltropfen, die ich dir anvertraute?«, bemerkte der Weise.

Als er auf den Löffel blickte, musste der Jüngling entsetzt feststellen, dass er sie verschüttet hatte.

»Also, dies ist der einzige Rat, den ich dir geben kann«, sagte der Weiseste der Weisen. »Das Geheimnis des Glücks besteht darin, alle Herrlichkeiten dieser Welt zu schauen, ohne darüber die beiden Öltropfen auf dem Löffel zu vergessen.«

(unbekannter Verfasser)

Zwei Freunde

Zwei Freunde wanderten durch die Wüste. Während der Wanderung kam es zu einem Streit und der eine schlug dem anderen im Affekt ins Gesicht.

Der Geschlagene war gekränkt. Ohne ein Wort zu sagen, kniete er nieder und schrieb folgende Worte in den Sand: »Heute hat mich mein bester Freund ins Gesicht geschlagen!« Sie setzten ihre Wanderung fort und kamen bald darauf zu einer Oase. Dort beschlossen sie, ein Bad zu nehmen. Der Freund, der geschlagen worden war, blieb auf einmal im Schlamm stecken und drohte zu ertrinken. Aber sein Freund rettete ihn buchstäblich in letzter Sekunde.

Nachdem der Freund, der fast ertrunken wäre, sich wieder erholt hatte, nahm er einen Stein und ritzte folgende Worte hinein: »Heute hat mein bester Freund mir das Leben gerettet!«

Der Freund, der den anderen geschlagen und gerettet hatte, fragte erstaunt: »Als ich dich gekränkt hatte, hast du deinen Satz nur in den Sand geschrieben, aber nun ritzt du die Worte in einen Stein. Warum?«

Der andere Freund antwortete: »Wenn uns jemand gekränkt oder beleidigt hat, sollten wir es in den Sand schreiben, damit der Wind des Verzeihens es wieder auslöschen kann. Aber wenn jemand etwas tut, was gut für uns ist, dann können wir es in Stein gravieren, damit kein Wind es jemals löschen kann!«

(unbekannter Verfasser)

Das Ei des Kolumbus

Wissen Sie, was es mit dem Ei des Kolumbus auf sich hat? Nun, diese Geschichte stammt in Wirklichkeit von Filippo Brunelleschi, dem Architekten, der die erste freitragende Kuppel der modernen Zeit über dem Chor von Santa Maria del Fiori, dem Dom von Florenz, baute.

Jahrzehntelang war der Dom schon fertig gewesen, nur der Chor hatte noch immer kein Dach, weil die Florentiner einerseits eine schöne freitragende Kuppel wollten, aber andererseits bis dahin noch niemand dieser architektonischen Herausforderung gewachsen war – bis es Brunelleschi 1420 zum ersten Mal gelang.

Nach der Einweihungsfeier lud Brunelleschi einige Freunde und Bekannte zu einer geselligen Feier ein und stellte ihnen dabei folgende Frage: »Wer von euch kann ein Ei auf den Kopf stellen?«

Alle versuchten es, aber niemand schaffte es. Da nahm Brunelleschi ein Ei, brach die Spitze etwas auf und setzte es mit einem entschiedenen Ruck auf den Kopf. »Ja, so hätten wir es auch gekonnt!«, reagierten alle Anwesenden empört.

»Natürlich«, antwortete Brunelleschi, »und genauso werden jetzt alle Architekten, nachdem sie meine Kuppel und die Bauweise begutachtet haben, sagen: ›Das ist doch gar nichts Neues, das hat doch der alte römische Baumeister Vitruvius schon vor 1400 Jahren so gemacht. So hätten wir das auch gekonnt!‹ Nur – sie haben es nie gemacht!«

(unbekannter Verfasser)

Chancen erkennen

Kennen Sie die Geschichte von dem Mann, der mitten im Ozean treibt und kurz vor dem Ertrinken ist?

Kommt ein Schiff und bietet ihm Hilfe an. »Nein«, sagt der Mann, »ich warte darauf, dass Gott mich rettet!«

Ein paar Minuten später fliegt ein Hubschrauber über ihm. Der Pilot ruft ihm zu: »Halten Sie sich an dem Seil fest:«

»Nein«, ruft der Mann zurück, »ich warte darauf, dass Gott mich rettet!«

Kurz darauf taucht ein U-Boot auf und die Luke öffnet sich. »Schwimmen Sie hierhin, dann können wir Sie hereinziehen«, schreit der Kommandant.

»Nein«, brüllt der Mann zurück, »ich warte darauf, dass Gott mich rettet!«

Schließlich, als keine Hilfe mehr in Sicht ist, schaut der Mann zum Himmel und fragt: »Lieber Gott, warum rettest du mich nicht?«

Und eine tiefe Stimme aus den Wolken antwortet: »Ich habe dir ein Schiff, einen Hubschrauber und ein U-Boot gesandt. Der Rest, mein Sohn, der Rest lag nur an dir!«

(unbekannter Verfasser)

Aus dem Tagebuch eines Zweijährigen

Donnerstag

08.10 Uhr   Kölnisch Wasser auf Teppich gespritzt, riecht fein. Mama böse, Kölnisch Wasser verboten.

08.45 Uhr   Feuerzeug in Kaffee geworfen, Haue gekriegt.

09.00 Uhr   In Küche gewesen, rausgeflogen. Küche ist verboten.

09.15 Uhr   In Papas Arbeitszimmer gewesen. Rausgeflogen. Arbeitszimmer auch verboten.

09.30 Uhr   Schrankschlüssel abgezogen. Damit gespielt. Mama wusste nicht, wo er war. Ich auch nicht. Mama geschimpft.

10.00 Uhr   Rotstift gefunden. Tapete bemalt. Ist verboten.

10.20 Uhr   Stricknadel aus Strickzeug gezogen und krumm gebogen. Zweite Stricknadel in Sofa gesteckt. Stricknadeln sind verboten.

11.00 Uhr   Sollte Milch trinken. Wollte aber Wasser! Wutgebrüll ausgestoßen. Haue gekriegt.

11.10 Uhr   Hose nass gemacht. Haue gekriegt. Nassmachen verboten.

11.30 Uhr   Zigarette zerbrochen. Tabak drin. Schmeckt nicht gut.

11.45 Uhr   Tausendfüßler bis unter Mauer verfolgt. Dort Mauerassel gefunden. Sehr interessant, aber verboten.

12.15 Uhr   Dreck gegessen. Aparter Geschmack, aber verboten.

12.30 Uhr   Salat ausgespuckt. Ungenießbar. Ausspucken dennoch verboten.

13.15 Uhr   Mittagsruhe im Bett. Nicht geschlafen. Aufgestanden und auf Deckbett gesessen. Gefroren. Frieren ist verboten.

14.00 Uhr   Nachgedacht. Festgestellt, dass alles verboten ist. Wozu ist man überhaupt auf dieser Welt?

(von Hellmut Holthaus)

Halt den Mund
und lebe endlich!

»Wenn ...«

Wenn Sie den Tag ohne Koffein beginnen können,
wenn Sie immer fröhlich sein und Beschwerden und Schmerzen ignorieren können,
wenn Sie sich davon abhalten können, sich zu beschweren und andere Menschen mit Ihren Problemen zu langweilen,
wenn Sie jeden Tag das Gleiche essen und dafür dankbar sein können,
wenn Sie Verständnis dafür haben, dass Ihre Lieben zu beschäftigt sind, um Ihnen Zeit zu widmen,
wenn Sie darüber hinwegsehen können, wenn Ihre Lieben es an Ihnen auslassen, sobald etwas – ohne dass Sie daran Schuld hätten – schiefgeht,
wenn Sie Kritik und Schuldzuweisungen ohne Groll und Bitterkeit einstecken können,
wenn Sie der Versuchung widerstehen können, einen reichen Freund besser zu behandeln als einen armen Freund,
wenn Sie der Welt ohne Lügen und Täuschung gegenübertreten können,
wenn Sie Anspannung ohne medizinische Hilfe überwinden können,
wenn Sie ohne Alkohol entspannen können,
wenn Sie ohne die Hilfe von Medikamenten einschlafen können,
wenn Sie ehrlich sagen können, dass Sie tief in Ihrem Herzen keinerlei Vorurteile gegen Glaubensrichtungen, Haut-

farbe, Religion, gleichgeschlechtliche Liebe oder politische Einstellungen hegen,

dann ...

haben Sie den gleichen Entwicklungstand erreicht – wie Ihr Hund!

(von Larry Winget, aus »Halt den Mund,
hör auf zu heulen und lebe endlich!«)

Der »störende« Großvater

Ein alter, tattriger Greis lebte mit seinem Sohn, seiner Schwiegertochter und seinem vier Jahre alten Enkel in einem gemütlichen Häuschen.

Seine Hände zitterten bei jeder Bewegung, seine Augen waren blutunterlaufen und seine Schritte waren unkontrolliert.

Leider machten diese Dinge dem alten Mann das Essen nicht leicht. Er verschüttete häufig und nicht wenig Essen, übersah vieles.

Erbsen rollten von seiner Gabel auf den Boden. Wenn er aus dem Becher trank, tropfte oft Milch auf die Tischdecke, und nicht immer traf er ...

Der Sohn und die Schwiegertochter wussten nicht mehr, was sie mit ihm anstellen sollten.

»Wir müssen etwas mit Großvater machen. Ich habe genug von dem Milch-Verschütten und dem Essen auf dem Boden«, sagte der Sohn. So setzten der Ehemann und seine Frau einen kleinen Tisch in die Ecke. Nun aß der Großvater ganz alleine, während die ganze Familie mit Freude aß.

Seit Großvater ein oder zwei Schalen zerbrochen hatte, bekam er eine Holzschale. Häufig schwappte die Freude der Familie zum Großvater über, und man konnte eine Träne in seinem Auge sehen, weil er abseits davon saß ...

Die einzigen Worte, die mit ihm geredet wurden, waren, wenn er eine Gabel oder einen Löffel fallen ließ.

Der vier Jahre alte Enkel beobachtete dies in aller Ruhe. Eines Abends, kurz vorm Essen, sah der Sohn, dass der Enkel mit Holzstücken auf dem Boden spielte.

Er fragte sein Kind mit süßer Stimme: »Was machst du da?«
Genauso süß antwortete der Enkel: »Oh, ich mache eine
Schale für dich und Mama zum Essen, wenn ich groß ge-
worden bin.«

Der Vierjährige lächelte und machte mit seiner Arbeit weiter.
Diese Worte trafen die Eltern so hart, dass sie sprachlos
waren. Die Tränen kullerten ihnen die Wangen hinunter.

Es wurde kein Wort gesprochen und beide wussten, was zu
tun war. Diesen Abend nahm der Sohn seinen alten Vater
an die Hand und geleitete ihn zum Familientisch zurück.
Von nun an aß der Großvater jedes Essen mit der Familie
mit.

Seit dieser Zeit kümmerten sich weder der Sohn noch seine
Frau um hinuntergefallene Gabeln, Löffel, verschüttete
Milch oder Essen auf dem Boden ...

*(aus dem Werk »Kinder- und
Hausmärchen der Gebrüder Grimm«)*

Wie schnell komme ich voran?

Ein junger Mann wollte in die Stadt und musste dabei durch den Wald. Als er so des Weges ging, kam er auf eine Lichtung. Dort war ein Blockhaus und ein alter Mann saß davor und versuchte, mittels eines Beils, Holz zu hacken.

Der junge Mann lief hin und fragte den alten Mann: »Sag, alter Mann, wie lange brauche ich in die Stadt?« Der Mann zeigte keine Reaktion. Ein zweites Mal, schon etwas lauter, fragte der junge Mann: »Mein Herr, wie lange brauche ich in die Stadt?« Wieder keine Reaktion. Ein drittes Mal, jetzt schon lautstark, der junge Mann: »Bitte, alter Mann, wie lange brauche ich in die Stadt?«

Der alte Mann, ohne jegliche Reaktion, hackte weiter Holz. Verärgert dreht sich der junge Mann um und springt von dannen.

Kaum rennt er ein paar Meter, schreit der alte Mann hinterher: »Noch zehn Minuten!«

Wie vom Blitz getroffen bleibt der junge Mann stehen, dreht sich um und läuft zu dem Alten zurück. »Sag, alter Mann, vorhin habe ich dich dreimal gefragt, wie lange ich in die Stadt brauche und dreimal kam keine Reaktion von dir! Wieso?«

Verschmitzt schaut ihn der Alte an und meint: »Mein Lieber, vorhin als du vor mir standest, selbst wenn ich gewollt hätte, ich hätte es dir nicht sagen können, einfach deswegen – ich habe nicht gesehen, wie schnell du läufst!«

(unbekannter Verfasser)

Sie selbst bestimmen Ihren Wert

In der Vergangenheit, vor etwa hundert Jahren, hat ein bedeutungsvoller Mann in England einen Selbstversuch unternommen. Es war der Mann, der auch das Muster der Linien auf den Fingerkuppen als individuelles Merkmal jedes Menschen entdeckte. Sir Francis Galton war ein Vetter Darwins und ein bedeutender Mann seiner Zeit. Was tat dieser Mann?

Eines Morgens redete er sich vor seinem Spaziergang ein, dass ihn ganz England hassen müsste. Er suggerierte sich selbst, der meistgehasste Mann Englands zu sein. Dieses Bild verinnerlichte er sich in einer Art Selbsthypnose.

Als er dann die Straße entlangging, fand er für dieses innere Selbstbild die Bestätigung. Seine negativen Schwingungen führten dazu, dass die Passanten vor ihm auswichen. Einige beschimpften ihn. Sogar Tiere zeigten ihm ihre Ablehnung. Er wurde von einem Pferd getreten und verletzte sich (bei diesem Vorfall verteidigten die Umstehenden das Pferd und nicht den Mann). An diesem Vormittag landete er gleich zweimal in einer Pfütze. Dieser Tag war für ihn gelaufen. Er zog sich in seine Wohnung zurück. Das Ergebnis dieses Versuches ging als »Pygmalion-Effekt« in die psychologische Literatur ein.

*(von Bernhard P. Wirth und Alexander S. Kaufmann
aus »Die Magie der Gefühle«)*

121

Spuren am Weg

Es war einmal ein Vater, der zwei Söhne hatte. Je älter und gebrechlicher er wurde, desto mehr dachte er über sein Leben nach. Und manchmal kamen ihm Zweifel, ob er seinen Söhnen wohl das Wichtigste für ihr Leben weitergegeben hatte. Weil ihn diese Frage nicht losließ, beschloss der Vater, seine Söhne mit einem besonderen Auftrag auf eine Reise zu schicken. Er ließ sie zu sich kommen und sagte:»Ich bin alt und gebrechlich geworden. Meine Spuren und Zeichen werden bald verblassen. Nun möchte ich, dass ihr in die Welt hinausgeht und dort eure ganz persönlichen Spuren und Zeichen hinterlasst.«

Die Söhne taten, wie ihnen geheißen, und zogen hinaus in die Welt.

Der Ältere begann sogleich eifrig damit, Grasbüschel zusammenzubinden, Zeichen in Bäume zu schnitzen, Äste zu knicken und Löcher zu graben, um seinen Weg zu kennzeichnen.

Der jüngere Sohn jedoch sprach mit den Leuten, denen er begegnete, er ging in die Dörfer und feierte, tanzte und spielte mit den Bewohnern.

Da wurde der ältere Sohn zornig und dachte bei sich: Ich arbeite die ganze Zeit und hinterlasse meine Zeichen, mein Bruder aber tut nichts.

Nach einiger Zeit kehrten sie zum Vater zurück.

Der nahm dann gemeinsam mit seinen Söhnen die letzte beschwerliche Reise auf sich, um die Zeichen zu sehen.

Sie kamen zu den gebundenen Grasbüscheln. Der Wind hatte sie verweht und sie waren kaum noch zu erkennen.

Die gekennzeichneten Bäume waren gefällt worden, und die Löcher, die der ältere der beiden Söhne gegraben hatte, waren fast alle bereits wieder zugeschüttet. Aber wo immer sie auf ihrer Reise hinkamen, liefen Kinder und Erwachsene auf den jüngeren Sohn zu und freuten sich, dass sie ihn wiedersahen, und luden ihn zum Essen und zum Feiern ein.

Am Ende der Reise sagte der Vater zu seinen Söhnen: »Ihr habt beide versucht, meinen Auftrag, Zeichen zu setzen und Spuren zu hinterlassen, zu erfüllen. Du, mein Älterer, hast viel geleistet und gearbeitet, aber deine Zeichen sind verblichen. Du, mein Jüngerer, hast Zeichen und Spuren in den Herzen der Menschen hinterlassen. Diese bleiben und leben weiter!«

(von Herbert Stiegler,
nach einem afrikanischen Märchen)

Die sieben Weltwunder

Eine Schulklasse wurde gebeten, zu notieren, welches für sie die sieben Weltwunder seien. Folgende Rangliste kam zustande:

1. Pyramiden von Gizeh
2. Taj Mahal
3. Grand Canyon
4. Panamakanal
5. Empire State Building
6. Petersdom im Vatikan
7. Große Mauer von China

Die Lehrerin bemerkte beim Einsammeln der Resultate, dass eine Schülerin noch beim Arbeiten war. Deshalb fragte sie die junge Frau, ob sie Probleme mit ihrer Liste habe.
Sie antwortete: »Ja! Ich konnte meine Entscheidung nicht ganz treffen. Es gibt so viele Wunder.«
Die Lehrerin sagte: »Nun, teilen Sie uns das mit, was Sie bisher haben, und vielleicht können wir Ihnen ja helfen.«
Die junge Frau zögerte zunächst und las dann vor:
»Für mich sind das die sieben Weltwunder:

1. Sehen
2. Hören
3. sich Berühren
4. Riechen
5. Fühlen
6. Lachen ...
7. ... und Lieben.«

Im Klassenzimmer wurde es ganz still.

Diese alltäglichen Sachen, die wir als selbstverständlich betrachten und oft gar nicht realisieren, sind wirklich wunderbar.

Die kostbarsten Sachen im Leben sind jene, die nicht gekauft und nicht hergestellt werden können.

Beachte dies, genieße es, lebe es und erzähle allen anderen davon!

(unbekannter Verfasser)

Wettstreit zwischen Sonne und Wind

Der Wind und die Sonne gerieten eines Tages darüber in Streit, wer es von den beiden wohl schneller schaffen würde, den Wanderer dazu zu bringen, seine Jacke auszuziehen.

»Na gut«, sagte der Wind, »lass uns einen Wettkampf austragen.«

Der Wind begann. Er blies so fest er nur konnte und stürmte und tobte und wollte dem Mann seine Jacke mit Gewalt vom Leib reißen. Aber der Wanderer zog seine Jacke nur immer fester um sich und hielt sie mit beiden Händen fest.

Nach einer ganzen Weile gab der Wind auf.

Dann war die Sonne an der Reihe. Sie wählte einen anderen Weg:

Liebevoll sandte sie dem Wanderer ihre warmen Strahlen. Und es dauerte nicht lange, bis er die Jacke aufknöpfte und sie ganz auszog.

(nach der Fabel von Äsop)

Das Geheimnis der Zufriedenheit

Es kamen einmal ein paar Suchende zu einem alten Zen-Meister.

»Herr«, fragten sie, »was tust du, um glücklich und zufrieden zu sein? Wir wären auch gerne so glücklich wie du.«

Der Alte antwortete mit einem milden Lächeln: »Wenn ich liege, dann liege ich. Wenn ich aufstehe, dann stehe ich auf. Wenn ich gehe, dann gehe ich, und wenn ich esse, dann esse ich.«

Die Fragenden schauten etwas betreten in die Runde. Einer platzte heraus: »Bitte, treibe keinen Spott mit uns. Was du sagst, tun wir auch. Wir schlafen, essen und gehen. Aber wir sind nicht glücklich. Was also ist dein Geheimnis?«

Es kam die gleiche Antwort: »Wenn ich liege, dann liege ich. Wenn ich aufstehe, dann stehe ich auf. Wenn ich gehe, dann gehe ich, und wenn ich esse, dann esse ich.«

Die Unruhe und den Unmut der Suchenden spürend, fügte der Meister nach einer Weile hinzu: »Sicher liegt auch ihr, und ihr geht auch, und ihr esst. Aber während ihr liegt, denkt ihr schon ans Aufstehen. Während ihr aufsteht, überlegt ihr, wohin ihr geht, und während ihr geht, fragt ihr euch, was ihr essen werdet. So sind eure Gedanken ständig woanders und nicht da, wo ihr gerade seid. In diesem Schnittpunkt zwischen Vergangenheit und Zukunft findet das eigentliche Leben statt. Lasst euch auf diesen nicht messbaren Augenblick ganz ein und ihr habt die Chance, wirklich glücklich und zufrieden zu sein.«

(unbekannter Verfasser)

Das Paradox unserer Zeit

Das Paradox unserer Zeit ist:
Wir haben hohe Gebäude, aber eine niedrige Toleranz, breite Autobahnen, aber enge Ansichten.
Wir verbrauchen mehr, haben aber weniger, machen mehr Einkäufe, aber haben weniger Freude.
Wir haben größere Häuser, aber kleinere Familien, mehr Bequemlichkeit, aber weniger Zeit, mehr Ausbildung, aber weniger Vernunft, mehr Kenntnisse, aber weniger Hausverstand, mehr Experten, aber auch mehr Probleme, mehr Medizin, aber weniger Gesundheit.
Wir rauchen zu stark, wir trinken zu viel, wir geben verantwortungslos viel aus; wir lachen zu wenig, fahren zu schnell, regen uns zu schnell auf, gehen zu spät schlafen, stehen zu müde auf; wir lesen zu wenig, sehen zu viel fern, beten zu selten.
Wir haben unseren Besitz vervielfacht, aber unsere Werte reduziert. Wir sprechen zu viel, wir lieben zu selten und wir hassen zu oft.
Wir wissen, wie man seinen Lebensunterhalt verdient, aber nicht mehr, wie man lebt.
Wir haben dem Leben Jahre hinzugefügt, aber nicht den Jahren Leben.
Wir kommen zum Mond, aber nicht mehr an die Tür des Nachbarn.
Wir haben den Weltraum erobert, aber nicht den Raum in uns.
Wir machen größere Dinge, aber nicht bessere.
Wir haben die Luft gereinigt, aber die Seelen verschmutzt.

Wir können Atome spalten, aber nicht unsere Vorurteile.

Wir schreiben mehr, aber wissen weniger, wir planen mehr, aber erreichen weniger.

Wir haben gelernt, schnell zu sein, aber wir können nicht warten.

Wir machen neue Computer, die mehr Informationen speichern und eine Unmenge an Kopien speichern, aber wir verkehren weniger miteinander.

Es ist die Zeit des schnellen Essens und der schlechten Verdauung, der großen Männer und der kleinkarierten Seelen, der leichten Profite und der schwierigen Beziehungen.

Es ist die Zeit des größeren Familieneinkommens und der Scheidungen, der schönen Häuser und des zerstörten Zuhauses.

Es ist die Zeit des schnellen Reisens, der Wegwerfwindeln und der Wegwerfmoral, der Beziehungen für eine Nacht und des Übergewichts.

Es ist die Zeit der Pillen, die alles können: Sie erregen uns, sie beruhigen uns, sie töten uns.

Es ist die Zeit, in der es wichtiger ist, etwas im Schaufenster zu haben statt im Laden, wo moderne Technik einen Text wie diesen in Windeseile in die ganze Welt tragen kann, und wo Sie die Wahl haben: das Leben ändern – oder den Text löschen.

Vergesst nicht, mehr Zeit denen zu schenken, die ihr liebt, weil sie nicht immer mit euch sein werden. Sagt ein gutes Wort denen, die euch jetzt voll Begeisterung von unten her anschauen, weil diese kleinen Geschöpfe bald erwachsen werden und nicht mehr bei euch sein werden.

Schenkt dem Menschen neben euch eine heiße Umarmung, denn sie ist der einzige Schatz, der von eurem Herzen kommt und euch nichts kostet. Sagt dem geliebten Menschen: »Ich liebe dich« und meint es auch so.

Ein Kuss und eine Umarmung, die von Herzen kommen, können alles Böse wiedergutmachen. Geht Hand in Hand und schätzt mehr Augenblicke, wo ihr zusammen seid, denn eines Tages wird dieser Mensch nicht mehr neben euch sein.

Findet Zeit, euch zu lieben, findet Zeit, miteinander zu sprechen, findet Zeit, alles was ihr zu sagen habt, miteinander zu teilen – denn das Leben wird nicht gemessen an der Anzahl der Atemzüge, sondern an der Anzahl der Augenblicke, die uns des Atems berauben.

(von George Carlin, ein US-Schauspieler und Komiker,
der anlässlich des Todes seiner Frau diesen Text schrieb)

Das perfekte Herz

Eines Tages stand ein junger Mann mitten in der Stadt und erklärte, dass er das schönste Herz im ganzen Tal habe. Eine große Menschenmenge versammelte sich und sie bewunderten sein Herz, denn es war perfekt. Es gab keinen Fleck oder Fehler in ihm. Ja, sie alle gaben ihm Recht, es war wirklich das schönste Herz, das sie je gesehen hatten. Der junge Mann war sehr stolz und prahlte noch lauter über sein schönes Herz.

Plötzlich tauchte ein alter Mann vor der Menge auf und sagte:»Nun, dein Herz ist nicht mal annähernd so schön wie meines.«

Die Menschenmenge und der junge Mann schauten das Herz des alten Mannes an. Es schlug kräftig, aber es war voller Narben. Es hatte Stellen, wo Stücke entfernt und durch andere ersetzt worden waren. Aber sie passten nicht richtig, und es gab einige ausgefranste Ecken ... Genauer gesagt, an einigen Stellen waren tiefe Furchen, wo ganze Teile fehlten. Die Leute starrten ihn an. *Wie kann er behaupten, sein Herz sei schöner,* dachten sie.

Der junge Mann schaute auf das Herz des alten Mannes, sah dessen Zustand und lachte.»Du musst scherzen«, sagte er,»dein Herz mit meinem zu vergleichen. Meines ist perfekt und deines ist ein Durcheinander aus Narben und Tränen.«

»Ja«, sagte der alte Mann,»deines sieht perfekt aus, aber ich würde niemals mit dir tauschen. Jede Narbe steht für einen Menschen, dem ich meine Liebe gegeben habe. Ich reiße ein Stück meines Herzens heraus und reiche es ihnen, und oft geben sie mir ein Stück ihres Herzens, das in die leere Stelle meines Herzens passt. Aber weil die Stücke nicht genau sind, habe ich einige raue Kanten, die ich sehr schätze, denn sie erinnern mich an die Liebe, die wir teilten. Manchmal habe ich auch ein Stück meines Herzens gegeben, ohne dass mir der andere ein Stück seines Herzens zurückgegeben hat. Das sind die leeren Furchen. Liebe geben, heißt manchmal auch, ein Risiko einzugehen. Auch wenn diese Furchen schmerzhaft sind, bleiben sie offen, und auch sie erinnern mich an die Liebe, die ich für diese Menschen empfinde ... und ich hoffe, dass sie eines Tages zurückkehren und den Platz ausfüllen werden. Erkennst du jetzt, was wahre Schönheit ist?«

Der junge Mann stand still da und Tränen rannen über seine Wangen. Er ging auf den alten Mann zu, griff nach seinem perfekten jungen und schönen Herzen und riss ein Stück heraus. Er bot es dem alten Mann mit zitternden Händen an. Der alte Mann nahm das Angebot an, setzte es in sein Herz. Er nahm dann ein Stück seines alten vernarbten Herzens und füllte damit die Wunde in des jungen Mannes Herzen. Es passte nicht perfekt, da es einige ausgefranste Ränder hatte.

Der junge Mann sah sein Herz an, nicht mehr perfekt, aber schöner als je zuvor, denn er spürte die Liebe des alten Mannes in sein Herz fließen. Sie umarmten sich und gingen fort, Seite an Seite.

(unbekannter Verfasser)

Mal sehen – denn wer weiß?

Es war einmal ein alter Mann, der zur Zeit Laotses in einem kleinen chinesischen Dorf lebte. Der Mann lebte zusammen mit seinem einzigen Sohn in einer kleinen Hütte am Rande des Dorfes. Ihr einziger Besitz war ein wunderschöner Hengst, um den sie von allen im Dorf beneidet wurden. Es gab schon unzählige Kaufangebote, diese wurden jedoch immer strikt abgelehnt. Das Pferd wurde bei der Erntearbeit gebraucht und es gehörte zur Familie, fast wie ein Freund.

Eines Tages war der Hengst verschwunden. Nachbarn kamen und sagten: »Du Dummkopf, warum hast du das Pferd nicht verkauft? Nun ist es weg, statt die Ernte einzubringen, und du hast gar nichts mehr, weder Pferd noch Geld für einen Helfer. Was für ein Unglück.«

Der alte Mann schaute sie an und sagte nur: »Unglück – mal sehen, denn wer weiß? Das Leben geht seinen eigenen Weg, man sollte nicht urteilen und kann nur vertrauen.«

Das Leben musste jetzt ohne Pferd weitergehen, und da gerade Erntezeit war, bedeutete das unheimliche Anstrengungen für Vater und Sohn. Es war fraglich, ob sie es schaffen würden, die ganze Ernte einzubringen.

Ein paar Tage später war der Hengst wieder da und mit ihm war ein Wildpferd gekommen, das sich dem Hengst angeschlossen hatte. Jetzt waren die Leute im Dorf begeistert. »Du hast Recht gehabt«, sagten sie zu dem alten Mann. »Das Unglück war in Wirklichkeit Glück. Dieses herrliche Wildpferd als Geschenk des Himmels, nun bist du wirklich ein reicher Mann!«

Der Alte sagte nur: »Glück – mal sehen, denn wer weiß? Das Leben geht seinen eigenen Weg, man soll nicht urteilen und man kann nur vertrauen.«

Die Dorfbewohner schüttelten den Kopf über den wunderlichen Alten. Warum konnte er nicht sehen, was für ein unglaubliches Glück ihm widerfahren war?

Am nächsten Tag begann der Sohn des alten Mannes, das neue Wildpferd zu zähmen und zuzureiten. Beim ersten Ausritt warf ihn dieses so heftig ab, dass er sich beide Beine brach.

Die Nachbarn im Dorf versammelten sich und sagten zu dem alten Mann: »Du hast Recht gehabt. Das Glück hat sich als Unglück erwiesen, dein einziger Sohn ist jetzt ein Krüppel. Und wer soll nun auf deine alten Tage für dich sorgen?«

Aber der Alte blieb gelassen und sagte zu den Leuten im Dorf: »Unglück – mal sehen, denn wer weiß? Das Leben geht seinen eigenen Weg, man soll nicht urteilen und kann nur vertrauen.«

Es war jetzt ganz allein am alten Mann, die restliche Ernte einzubringen. Zumindest war das neue Pferd soweit gezähmt, dass er es als zweites Zugtier für den Pflug nutzen konnte. Mit viel Schweiß und Arbeit bis in die Dunkelheit sicherte er das Auskommen für sich und seinen Sohn.

Ein paar Wochen später begann ein Krieg. Der König brauchte Soldaten, und alle wehrpflichtigen jungen Männer im Dorf wurden in die Armee gezwungen. Nur den Sohn des alten Mannes holten sie nicht ab, denn den konnten sie an seinen Krücken nicht gebrauchen. »Ach, was hast du wieder für ein Glück gehabt!«, riefen die Leute im Dorf.

Der Alte sagte: »Mal sehen – denn wer weiß? Aber ich vertraue darauf, dass das Glück am Ende bei dem ist, der vertrauen kann!«

(unbekannter Verfasser)

Widrigkeiten

Eines Tages kam ein alter Bauer zu Gott und sagte: »Schau, du magst Gott sein und du magst die Welt erschaffen haben, aber eines muss ich dir sagen: Ein Bauer bist du nicht. Du kennst nicht einmal das ABC des Ackerbaus. Da kannst du noch einiges lernen!« Gott fragte: »Was ist dein Rat?«
Der Bauer sagte: »Gib mir ein Jahr Zeit und lass die Dinge so geschehen, wie ich es sage. Warte ab, was passiert – und es wird keine Armut mehr geben!«
Gott willigte ein, und so bekam der Bauer ein Jahr. Natürlich bestellte er nur das Beste und dachte nur ans Beste, kein Donner, keine starken Winde, keine Gefahren für die Ernte. Alles angenehm, behaglich und er war froh. Der Weizen wuchs hoch! Wenn er Sonne haben wollte, schien die Sonne, wenn er Regen haben wollte, gab es Regen, so viel er nur wollte. In diesem Jahr lief alles richtig, mathematisch genau. Der Weizen wuchs so hoch!
Der Bauer ging oft zu Gott und sagte: »Schau! Diesmal wird die Ernte so ausfallen, dass es für zehn Jahre, selbst für die Leute, die nicht arbeiten, genug zu essen geben wird.«
Aber als die Ähren eingefahren wurden, war kein Weizen darin. Der Bauer war überrascht. Er fragte Gott: »Was ist passiert? Was ist schiefgegangen?«
Gott sagte: »Weil es keine Widrigkeiten gab, weil du alles vermieden hast, was schlecht ist, blieb der Weizen unfruchtbar. Ein bisschen Auseinander-setzung gehört dazu, auch Donner und Blitzschlag sind nötig. Sie rütteln die Seele im Weizen wach.«

(unbekannter Verfasser)

Zwei Engel

Zwei reisende Engel machten Halt, um die Nacht im Hause einer wohlhabenden Familie zu verbringen. Die Familie war unhöflich und verweigerte es den Engeln, im Gästezimmer des Haupthauses auszuruhen.

Stattdessen bekamen sie einen kleinen Platz im kalten Keller. Als sie sich auf dem harten Boden ausstreckten, sah der ältere Engel ein Loch in der Wand und reparierte es. Als der jüngere Engel fragte, warum, antwortete der ältere Engel: »Die Dinge sind nicht immer das, was sie zu sein scheinen.«

In der nächsten Nacht rasteten die beiden im Hause eines sehr armen, aber gastfreundlichen Bauern und seiner Frau. Nachdem sie das Essen mit ihnen geteilt hatten, ließen sie die Engel in ihrem Bett schlafen, wo sie gut schliefen. Als die Sonne am nächsten Tag den Himmel erklomm, fanden die Engel den Bauern und dessen Frau in Tränen aufgelöst. Ihre einzige Kuh, deren Milch ihr alleiniges Einkommen gewesen war, lag tot auf dem Feld.

Der jüngere Engel wurde wütend und fragte den älteren Engel, wie er das habe geschehen lassen können. »Der erste Mann hatte alles, trotzdem halfst du ihm«, meinte er anklagend. Die zweite Familie hatte wenig, und du ließest die Kuh sterben.«

»Die Dinge sind nicht immer das, was sie zu sein scheinen«, sagte der ältere Engel. »Als wir im kalten Keller des Haupthauses ruhten, bemerkte ich, dass Gold in diesem Loch in der Wand steckte. Weil der Eigentümer so von Gier besessen war und sein glückliches Schicksal nicht teilen wollte, versiegelte ich die Wand, so dass er es nicht finden konnte. Als wir dann in der letzten Nacht im Bett des Bauern schliefen, kam der Engel des Todes, um dessen Frau zu holen. Ich gab ihm die Kuh stattdessen. Die Dinge sind nicht immer das, was sie zu sein scheinen.«

(unbekannter Verfasser)

Manchmal ist das genau das, was passiert, wenn die Dinge sich nicht als das entpuppen, was sie sollten. Wenn Sie Vertrauen haben, müssen Sie sich bloß noch darauf verlassen, dass jedes Ergebnis zu Ihrem Vorteil ist. Sie werden es nicht bemerken, bis ein bisschen Zeit vergangen ist ...

Die Wünsche des Bauern

Es war einmal ein armer chinesischer Reisbauer, der trotz all seines Fleißes in seinem Leben nicht vorwärtskam. Eines Abends begegnete ihm der Mondhase, von dem jedes Kind weiß, dass er den Menschen jeden Wunsch erfüllen kann.

»Ich bin gekommen«, sagte der Mondhase, »um dir zu helfen. Ich werde dich auf den Wunschberg bringen, wo du dir aussuchen kannst, was immer du willst.« Und ehe er sich versah, fand sich der Reisbauer vor einem prächtigen Tor wieder.

Über dem Tor stand geschrieben: »Jeder Wunsch wird Wirklichkeit.«

»Schön«, dachte der Bauer und rieb sich die Hände, »mein armseliges Leben hat nun endlich ein Ende!« Erwartungsvoll trat er durch das Tor.

Ein weißhaariger, alter Mann stand am Tor und begrüßte den Bauern mit den Worten: »Was immer du dir wünschst, wird sich erfüllen! Aber zuerst musst du ja wissen, was man sich überhaupt alles wünschen kann. Daher folge mir!«

Der alte Mann führte den Bauern durch mehrere Säle, einer schöner als der andere.

»Hier«, sprach der Weise, »im ersten Saal siehst du das Schwert des Ruhmes. Wer sich das wünscht, wird ein mächtiger General; er eilt von Sieg zu Sieg und sein Name wird auch noch in den fernsten Zeiten genannt. Willst du das?«

Nicht schlecht, dachte sich der Bauer. Ruhm ist eine schöne Sache und ich möchte zu gerne die Gesichter der

Leute im Dorf sehen, wenn ich General werden würde. Aber ich will es mir noch mal überlegen. Also sagte er: »Gehen wir erst einmal weiter.«

»Gut, gehen wir erst einmal weiter«, sagte lächelnd der Weise.

Im zweiten Saal zeigte er dem Bauern das Buch der Weisheit. »Wer sich das wünscht, dem werden alle Geheimnisse des Himmels und der Erde offenbart.«

Der Bauer meinte: »Ich habe mir schon immer gewünscht, viel zu wissen. Das wäre vielleicht das Rechte. Aber ich will es mir noch einmal überlegen!«

Der alte Weise lächelte wieder: »Gut, gehen wir weiter!«

Im dritten Saal befand sich ein Kästchen aus purem Gold. »Das ist die Truhe des Reichtums. Wer sich die wünscht, dem fliegt das Gold zu, ob er nun arbeitet oder nicht.«

»Ha!«, lachte der Bauer, »das wird das Richtige sein. Wer reich ist, der ist der glücklichste Mensch der Welt. Aber Moment – Glück und Reichtum sind ja zwei verschiedene Dinge. Ich weiß nicht recht. Gehen wir noch weiter.«

Und so ging der Bauer von Saal zu Saal, ohne sich für etwas zu entscheiden. Als sie den letzten Saal gesehen hatten, sagte der alte Mann zum Bauern: »Nun wähle. Was immer du dir wünschst, wird erfüllt werden!«

»Du musst mir noch ein wenig Zeit lassen«, sagte der Bauer. »Ich muss mir die Sache noch überlegen.«

In diesem Augenblick aber ging das Tor hinter ihm zu und der Weise war verschwunden. Der Bauer fand sich zu Hause wieder.

Der Mondhase saß wieder vor ihm und sprach: »Armer Bauer, so wie du sind die meisten Menschen. Sie wissen nicht, was sie sich wünschen sollen, sie wünschen sich alles und bekommen nichts. Was immer sich einer wünscht, das schenken ihm die Götter – aber der Mensch muss wissen, was er will.«

(unbekannter Verfasser)

Die Blinden und der Elefant

Es waren einmal fünf weise Gelehrte. Sie alle waren blind. Diese Gelehrten wurden von ihrem König auf eine Reise geschickt und sollten herausfinden, was ein Elefant ist.

Und so machten sich die Blinden auf die Reise nach Indien. Dort wurden sie von Helfern zu einem Elefanten geführt. Die fünf Gelehrten standen nun um das Tier herum und versuchten, sich durch Ertasten ein Bild von dem Elefanten zu machen.

Als sie zurück zu ihrem König kamen, sollten sie ihm nun über den Elefanten berichten.

Der erste Weise hatte am Kopf des Tieres gestanden und den Rüssel des Elefanten betastet. Er sprach: »Ein Elefant ist wie ein langer Arm.«

Der zweite Gelehrte hatte das Ohr des Elefanten ertastet und sprach: »Nein, ein Elefant ist vielmehr wie ein großer Fächer.«

Der dritte Gelehrte sprach: »Nein, ein Elefant ist wie eine dicke Säule.« Er hatte ein Bein des Elefanten berührt.

Der vierte Weise sagte: »Also ich finde, ein Elefant ist wie eine kleine Strippe mit ein paar Haaren am Ende«, denn er hatte nur den Schwanz des Elefanten ertastet.

Und der fünfte Weise berichtete seinem König: »Also ich sage, ein Elefant ist wie eine riesige Masse, mit Rundungen und ein paar Borsten darauf.« Dieser Gelehrte hatte den Rumpf des Tieres berührt.

Nach diesen widersprüchlichen Aussagen fürchteten die Gelehrten den Zorn des Königs, konnten sie sich doch nicht darauf einigen, was ein Elefant wirklich ist.

Doch der König lächelte weise: »Ich danke euch, denn ich weiß nun, wie ein Elefant wirklich ist: Ein Elefant ist ein Tier mit einem Rüssel, der wie ein langer Arm ist, mit Ohren, die wie Fächer sind, mit Beinen, die wie starke Säulen sind, mit einem Schwanz, der einer kleinen Strippe mit ein paar Haaren daran gleicht, und mit einem Rumpf, der wie eine große Masse mit Rundungen und ein paar Borsten ist.«

Die Gelehrten senkten beschämt ihren Kopf, nachdem sie erkannten, dass jeder von ihnen nur einen Teil des Elefanten ertastet hatte und sie sich zu schnell damit zufriedengegeben hatten.

(Gleichnis aus Südasien)

Vertrauen und Gelassenheit

In der Hauptstadt seines Landes lebte ein guter und gerechter König. Oft verkleidete er sich und ging unerkannt durch die Straßen, um zu erfahren, wie es um sein Volk stand.

Eines Abends ging er vor die Tore der Stadt. Er sah aus einer Hütte einen Lichtschein fallen und erkannte durch das Fenster einen Mann, der allein an seinem zur Mahlzeit bereiteten Tisch saß und gerade dabei war, den Lobpreis zu Gott über das Mahl zu singen. Als er geendet hatte, klopfte der König an die Tür:»Darf ein Gast eintreten?«

»Gerne«, sagte der Mann,»komm, halte mit, mein Mahl reicht für uns beide!«

Während des Mahls sprachen die beiden über dies und jenes. Der König – unerkannt – fragte:»Wovon lebst du? Was ist dein Gewerbe?«

»Ich bin Flickschuster«, antwortete der Mann.»Jeden Morgen gehe ich mit meinem Handwerkskasten durch die Stadt, und die Leute bringen mir ihre Schuhe zum Flicken auf die Straße.«

Der König:»Und was wird morgen sein, wenn du keine Arbeit bekommst?«

»Morgen?«, sagte der Flickschuster,»Morgen? Gott sei gepriesen Tag um Tag!«

Als der Flickschuster am anderen Tag in die Stadt ging, sah er überall angeschlagen: *Befehl des Königs! In dieser Woche ist auf den Straßen meiner Stadt jede Flickschusterei verboten!*

Sonderbar, dachte der Schuster. Was doch die Könige für seltsame Einfälle haben! Nun, dann werde ich heute Wasser tragen; Wasser brauchen die Leute jeden Tag.

Am Abend hatte er so viel verdient, dass es für beide zu einer Mahlzeit reichte. Der König, wieder zu Gast, sagte: »Ich hatte schon Sorge um dich, als ich die Anschläge des Königs las. Wie hast du dennoch Geld verdienen können?«

Der Schuster erzählte von seiner Idee, Wasser für jedermann zu holen und zu tragen, der ihn dafür entlohnen konnte. Der König: »Und was wird morgen sein, wenn du keine Arbeit findest?«

»Morgen? Gott sei gepriesen Tag um Tag!«

Als der Schuster am anderen Tag in die Stadt ging, um wieder Wasser zu tragen, kommen ihm die Herolde entgegen, die rufen: »Befehl des Königs! Wassertragen dürfen nur solche, die eine Erlaubnis des Königs haben!«

Sonderbar, dachte der Schuster, was doch die Könige für seltsame Einfälle haben. Nun, dann werde ich Holz zerkleinern und in die Häuser bringen. Er holte seine Axt und am Abend hatte er so viel verdient, dass das Mahl für beide bereitet war.

Und wieder fragte der König: »Und was wird morgen sein, wenn du keine Arbeit findest?«

»Morgen? Gott sei gepriesen Tag um Tag!«

Am anderen Morgen kam dem Flickschuster in der Stadt ein Trupp Soldaten entgegen. Der Hauptmann sagte: »Du hast eine Axt. Du musst heute im Palasthof des Königs Wache stehen. Hier hast du ein Schwert, lass deine Axt zu Hause!«

Nun musste der Flickschuster den ganzen Tag Wache stehen und verdiente keinen Cent. Abends ging er zu seinem Krämer und sagte: »Heute habe ich nichts verdienen können. Aber ich habe heute Abend einen Gast. Ich gebe dir das Schwert« – er zog es aus der Scheide – »als Pfand, gib mir, was ich für das Mahl brauche.«

Als er nach Hause kam, ging er zuerst in seine Werkstatt und fertigte ein Holzschwert, das genau in die Scheide passte. Der König wunderte sich, dass auch an diesem Abend wieder das Mahl bereitet war. Der Schuster erzählte ihm alles und zeigte dem König verschmitzt das Holzschwert.

»Und was wird morgen sein, wenn der Hauptmann die Schwerter inspiziert?«, kam es vom König.

»Morgen? Gott sei gepriesen Tag um Tag!«

Als der Schuster am anderen Morgen den Palasthof betritt, kommt ihm der Hauptmann entgegen, an der Hand einen gefesselten Gefangenen: »Das ist ein Mörder. Du sollst ihn hinrichten!«

»Das kann ich nicht«, rief der Schuster voller Schrecken aus. »Ich kann keinen Menschen töten!«

»Doch, du musst es, es ist der Befehl des Königs!«

Inzwischen hatte sich der Palasthof mit vielen Neugierigen gefüllt, die die Hinrichtung eines Mörders sehen wollten. Der Schuster schaute in die Augen des Gefangenen. »Ist das ein Mörder?« Dann warf er sich auf die Knie, und mit lauter Stimme, so dass alle ihn beten hörten, rief er: »Gott, du König des Himmels und der Erde! Wenn dieser Mensch ein Mörder ist, und ich ihn hinrichten soll, dann mache, dass mein Schwert aus Stahl in der Sonne blitzt! Wenn aber dieser Mensch kein Mörder ist, dann mache, dass mein Schwert aus Holz ist!«

Alle Menschen schauten atemlos zu ihm hin. Er zog das Schwert, hielt es hoch – und siehe: Es war aus Holz. Gewaltiger Jubel brach aus.

In diesem Augenblick kam der König von der Freitreppe seines Palastes, ging geradewegs auf den Flickschuster zu, gab sich zu erkennen, umarmte ihn und sagte: »Von heute an sollst du mein Ratgeber sein!«

(unbekannter Verfasser)

Erfahrungen des Lebens

Ein junger Mann ging zu einem Meister und sagte: »Ich möchte dein Student sein, damit ich den Weg zu Gott finden kann.« Der Meister musterte den jungen Mann von oben bis unten. »Nun, so wie du aussiehst, wird es eine Menge Geld kosten, dich zu lehren«, sagte er. »Ich habe kein Gold«, sagte der junge Mann. »Nun, dann geh hinaus und erwirb es«, antwortete der Meister.

Und so ging der junge Mann hinaus in die Welt. Eine Anzahl von Jahren arbeitete er hart, damit er genug Gold verdiente, um vom Meister angenommen zu werden. Schließlich hatte er das Gefühl, genug zu haben, kehrte zum weisen Mann zurück und legte dem alten Mann seine Verdienste zu Füßen.

Der weise, alte Meister schaute den jüngeren Mann an. Er sah, dass er viel älter geworden war seit dem letzten Treffen und dass er hart gearbeitet hatte, aber dennoch sagte er: »Ich habe für dieses Gold keine Verwendung, denn ich bin von den Segnungen Gottes umgeben, wann immer ich möchte.«

Der junge Mann war erstaunt und begann zu argumentieren, dass er ja nur den Anweisungen des Meisters gefolgt sei, aber der alte Mann unterbrach ihn: »Wenn du aus den Erfahrungen des Lebens, als du dieses Gold verdientest, nichts gelernt hast«, sagte der weise Mann, »dann kann auch ich dir nichts beibringen.«

So ist das auf unserem Weg durchs Leben, wir gehen hinaus und machen unsere Erfahrungen.

(unbekannter Verfasser)

Das perfekte Haus

Ein Einsiedlerkrebs lebte auf dem Meeresboden ganz in der Nähe einer schönen Koralle. Er besaß ein feines Schneckenhaus, in das er sich jederzeit zurückziehen konnte. Doch eines Tages schien ihm sein Schneckenhaus nicht mehr gut genug zu sein: »Ich bin ein angesehener Einsiedlerkrebs und sollte mir ein neues Haus suchen«, sagte er zu sich. »Ich habe einfach etwas Besseres verdient.«

Und so verließ er sein Schneckenhaus und machte sich auf die Suche. Dutzende, ja sogar hunderte von Schneckenhäusern probierte der Krebs aus, aber keines erfüllte seine Erwartungen. Das eine war zu groß, das andere zu klein, wieder ein anderes hatte einen Riss und das nächste nicht die richtige Farbe.

Entmutigt setzte er sich in den Sand. Da fiel sein Blick auf ein weiteres Schneckenhaus. Er mobilisierte noch einmal alle Kräfte, kroch zu diesem Schneckenhaus und schlüpfte hinein.

Und ja, das war das perfekte Schneckenhaus! Es passte genau, es sah wunderschön aus und er fühlte sich auf Anhieb ganz zu Hause. Selig schlief er ein.

Als er am nächsten Morgen aufwachte, fiel sein Blick auf die schöne Koralle ganz in seiner Nähe. Darauf besah er sich das Schneckenhaus genauer ... und es war exakt das Haus, das er verlassen hatte, um sich ein besseres zu suchen.

(von Tania Konnerth)

Das Gelübde der Priester

Einmal hatten sich vier Priester verabredet, eine Nacht in tiefster Meditation zu verbringen. Sie nahmen sich gegenseitig das Gelübde ab, dass keiner von ihnen, komme, was da wolle, durch ein Wort die Meditation stören dürfe.

Für die Meditation wurde der Hauptraum des Tempels ausersehen. Dort wurden vier Kerzen in Leuchtern aufgestellt. Ein junger Priesterschüler wurde beauftragt aufzupassen, dass die Kerzen hell und gleichmäßig brannten. Falls sich Schuppen bilden sollten, sollte er sie putzen.

Nun bildeten sich nach kurzer Zeit tatsächlich Schuppen an den Dochten und das Licht der Kerzen wurde immer trüber. Der Tempelschüler aber sah es nicht, da er vergeblich versuchte, gegen die Müdigkeit anzukämpfen.

Einer der Priester suchte ihn nun durch wiederholtes Winken auf seine Pflicht aufmerksam zu machen. Als der Schüler aber seine Gesten nicht beachtete, verlor er die Geduld und fuhr ihn an: »He, du Bursche, siehst du denn nicht, dass die Kerzen geputzt werden müssen?«

Da wandte sich der zweite Priester dem Sprecher zu: »Hast du denn vergessen, dass während der Meditation nicht gesprochen werden sollte?«

Ärgerlich rief nun der dritte: »Wenn ihr beiden euch hier unterhalten wollt, kann man beim besten Willen nicht meditieren!«

Und der Vierte sagte, nachdem er alle der Reihe nach angeblickt hatte, selbstgefällig: »Ich bin der Einzige, der das Gelübde nicht gebrochen hat.«

(Fabel aus Japan)

Drei merkwürdige Gäste
und ein guter Stern

Die vornehmen Leute aus dem Osten hatten den Stall und die Krippe noch nicht lange verlassen, da trug sich eine seltsame Geschichte in Betlehem zu, die in keinem Buch verzeichnet ist.

Wie die Reitergruppe der Könige gerade am Horizont verschwand, näherten sich drei merkwürdige Gestalten dem Stall.

Die erste trug ein buntes Flickenhemd und kam langsam näher. Zwar war sie wie ein Spaßmacher geschminkt, aber eigentlich wirkte sie hinter ihrer lustigen Maske sehr, sehr traurig. Erst als sie das Kind sah, huschte ein leises Lächeln über ihr Gesicht. Vorsichtig trat sie an die Krippe heran und strich dem Kind zärtlich über das Gesicht. »Ich bin die Lebensfreude«, sagte sie. »Ich komme zu dir, weil die Menschen nichts mehr zu lachen haben. Sie haben keine Freude mehr am Leben. Alles ist so bitterernst geworden.« Dann zog sie ihr Flickengewand aus und deckte das Kind damit zu. »Es ist kalt in dieser Welt. Vielleicht kann dich der Mantel des Clowns wärmen und schützen.«

Darauf trat die zweite Gestalt vor. Wer genau hinsah, bemerkte ihren gehetzten Blick und spürte, wie sehr sie in Eile war. Als sie aber vor das Kind in der Krippe trat, schien es, als falle alle Hast und Hektik von ihr ab. »Ich bin die Zeit«, sagte sie und strich dem Kind zärtlich über das Gesicht. »Eigentlich gibt es mich kaum noch. Die Zeit, sagt man, vergeht wie im Flug. Darüber haben die Menschen aber ein großes Geheimnis vergessen. Die Zeit vergeht nicht.

Zeit entsteht. Sie wächst überall dort, wo man sie teilt.« Dann griff die Gestalt in ihren Mantel und legte ein Stundenglas in die Krippe. »Man hat wenig Zeit in dieser Welt. Diese Sanduhr schenke ich dir, weil es noch nicht zu spät ist. Sie soll dir ein Zeichen dafür sein, dass du immer so viel Zeit hast, wie du dir nimmst und anderen schenkst.«

Dann kam die dritte Gestalt an die Reihe. Sie hatte ein geschundenes Gesicht voller dichter Narben, so als ob sie immer und immer wieder geschlagen worden wäre. Als sie aber vor das Kind in der Krippe trat, war es, als heilten die Wunden und Verletzungen, die ihr das Leben zugefügt haben musste. »Ich bin die Liebe«, sagte die Gestalt und strich dem Kind zärtlich über das Gesicht. »Es heißt, ich sei viel zu gut für diese Welt. Deshalb tritt man mich mit Füßen und macht mich fertig.«

Während die Liebe sprach, musste sie weinen und drei dicke Tränen tropften auf das Kind. »Wer liebt, hat viel zu leiden in dieser Welt. Nimm meine Tränen. Sie sind das Wasser, das den Stein schleift. Sie sind wie der Regen, der den verkrusteten Boden wieder fruchtbar macht und selbst die Wüste zum Blühen bringt.« Und die Tränen verwandelten sich in drei wunderschöne blühende Rosen.

Da knieten die Lebensfreude, die Zeit und die Liebe vor dem Kind des Himmels. Drei merkwürdige Gäste, die dem Kind ihre Gaben gebracht hatten. Das Kind aber schaute die drei an, als ob es sie verstanden hätte.

Plötzlich drehte sich die Liebe um und sprach zu den Menschen: »Man wird dieses Kind zum Narren machen, man wird es um seine Lebenszeit bringen und es wird viel leiden müssen, weil es bedingungslos lieben wird. Aber weil es ernst macht mit der Freude und weil es seine Zeit und seine

Liebe verschwendet, wird die Welt nie mehr so wie früher sein. Wegen dieses Kindes steht die Welt unter einem neuen, guten Stern, der alles andere in den Schatten stellt.« Darauf standen die drei Gestalten auf und verließen den Ort. Die Menschen aber, die all das miterlebt hatten, dachten noch lange über diese rätselhaften Worte nach ...

(unbekannter Verfasser)

Auch unser Leben und unsere Zeit stehen seit der Geburt Jesu unter einem neuen guten Stern, der alles Dunkle hell macht und alle Verletzungen heilt.

Das ist die große Freude, die allem Volk zuteilwird, Ihnen und auch mir.

Der König und seine zwei Söhne

Der König hatte zwei Söhne. Als er alt wurde, wollte er einen der beiden zu seinem Nachfolger bestellen.

Er versammelte die Weisen des Landes um sich und rief seine beiden Söhne herbei. Er gab jedem der beiden fünf Silberstücke und sagte:»Ihr sollt für dieses Geld die Halle in unserem Schloss bis zum Abend füllen. Womit ist eure Sache.«

Die Weisen sagten:»Das ist eine gute Aufgabe.«

Der älteste Sohn ging davon und kam an einem Feld vorbei, wo die Arbeiter dabei waren, das Zuckerrohr zu ernten und in einer Mühle auszupressen. Das ausgepresste Zuckerrohr lag nutzlos umher.

Er dachte sich:»Das ist eine gute Gelegenheit, mit diesem nutzlosen Zeug die Halle meines Vaters zu füllen.« Mit dem Aufseher der Arbeiter wurde er einig, und sie schafften bis zum späten Nachmittag das ausgedroschene Zuckerrohr in die Halle.

Als sie gefüllt war, ging er zu seinem Vater und sagte:»Ich habe deine Aufgabe erfüllt. Auf meinen Bruder brauchst du nicht mehr zu warten. Mach mich zu deinem Nachfolger.«

Der Vater antwortete:»Es ist noch nicht Abend. Ich werde warten.«

Bald darauf kam auch der jüngere Sohn. Er bat darum, das ausgedroschene Zuckerrohr wieder aus der Halle zu entfernen. So geschah es.

Dann stellte er mitten in die Halle eine Kerze und zündete sie an. Ihr Schein füllte die Halle bis in die letzte Ecke aus.

Der Vater sagte:»Du sollst mein Nachfolger sein. Dein Bruder hat fünf Silberstücke ausgegeben, um die Halle mit nutzlosem Zeug zu füllen. Du hast nicht einmal ein Silberstück gebraucht und hast sie mit Licht erfüllt. Du hast sie mit dem gefüllt, was die Menschen brauchen.«

(unbekannter Verfasser)

Die leere Tasse

Eines Tages kam eine Schülerin zum Meister. Sie hatte schon so viel von dem weisen Mann gehört, dass sie unbedingt bei ihm studieren wollte. Sie hatte alle Angelegenheiten geregelt, ihr Bündel geschnürt und war den Berg hinaufgekommen, was sie zwei Tage Fußmarsch gekostet hatte.

Als die junge Frau beim Meister ankam, saß der im Lotussitz auf dem Boden und trank Tee. Sie begrüßte ihn überschwänglich und erzählte ihm, was sie schon alles gelernt hatte. Dann bat sie den Meister, bei ihm weiterlernen zu dürfen.

Der weise Meister lächelte freundlich und sagte: »Komm in einem Monat wieder.«

Von dieser Antwort verwirrt ging die junge Frau zurück ins Tal. Sie diskutierte mit Freunden und Bekannten darüber, warum der Meister sie wohl zurückgeschickt hatte.

Einen Monat später erklomm sie den Berg erneut und kam zum Meister, der wieder Tee trinkend am Boden saß.

Diesmal erzählte die Schülerin von all den Hypothesen und Vermutungen, die sie und ihre Freunde darüber hatten, warum er sie wohl fortgeschickt habe. Und wieder bat sie ihn, bei ihm lernen zu dürfen.

Der Meister lächelte sie freundlich an und sagte: »Komm in einem Monat wieder.«

Dieses Spiel wiederholte sich einige Male. Es war also nach vielen vergeblichen Versuchen, dass sich die junge Frau erneut aufmachte, um zu dem Meister zu gehen.

Als sie diesmal bei dem weisen, alten Mann ankam und ihn

wieder Tee trinkend vorfand, setzte sie sich ihm gegenüber, lächelte und sagte nichts.

Nach einer Weile ging der Meister in seine Behausung und kam mit einer Tasse zurück.

Er schenkte ihr Tee ein und sagte dabei: »Jetzt kannst du hierbleiben, damit ich dich lehren kann. In ein volles Gefäß kann ich nichts füllen.«

(unbekannter Verfasser)

Das Märchen von
der traurigen Traurigkeit

Es war einmal eine kleine Frau, die einen staubigen Feldweg entlanglief. Sie war offenbar schon sehr alt, doch ihr Gang war leicht und ihr Lächeln hatte den frischen Glanz eines unbekümmerten Mädchens.

Bei einer zusammengekauerten Gestalt, die am Wegesrand saß, blieb sie stehen und sah hinunter.

Das Wesen, das da im Staub des Weges saß, schien fast körperlos. Es erinnerte an eine graue Decke mit menschlichen Konturen.

Die kleine Frau beugte sich zu der Gestalt hinunter und fragte: »Wer bist du?«

Zwei fast leblose Augen blickten müde auf. »Ich? Ich bin die Traurigkeit«, flüsterte die Stimme stockend und so leise, dass sie kaum zu hören war.

»Ach die Traurigkeit!«, rief die kleine Frau erfreut aus, als würde sie eine alte Bekannte begrüßen.

»Du kennst mich?«, fragte die Traurigkeit misstrauisch.

»Natürlich kenne ich dich! Immer wieder hast du mich ein Stück meines Weges begleitet!«

»Ja, aber …«, argwöhnte die Traurigkeit, »warum flüchtest du dann nicht vor mir? Hast du denn keine Angst?«

»Warum sollte ich vor dir davonlaufen, meine Liebe? Du weißt doch selbst nur zu gut, dass du jeden Flüchtigen einholst. Aber, was ich dich fragen will: Warum siehst du so mutlos aus?«

»Ich … ich bin traurig«, seufzte da die graue Gestalt.

Die kleine, alte Frau setzte sich zu ihr. »Traurig bist du

also«, sagte sie und nickte verständnisvoll mit dem Kopf. »Erzähl mir doch, was dich so bedrückt.«

Die Traurigkeit seufzte tief. »Ach weißt du«, begann sie zögernd und auch verwundert darüber, dass ihr tatsächlich jemand zuhören wollte, »es ist so, dass mich einfach niemand mag. Es ist nun mal meine Bestimmung, unter die Menschen zu gehen und für eine gewisse Zeit bei ihnen zu verweilen. Aber wenn ich zu ihnen komme, schrecken sie zurück. Sie fürchten sich vor mir und meiden mich wie die Pest.«

Die Traurigkeit schluckte schwer. »Sie haben Sätze erfunden, mit denen sie mich bannen wollen. Sie sagen: ›Papperlapapp, das Leben ist heiter‹, und ihr falsches Lachen führt zu Magenkrämpfen und Atemnot. Sie sagen: ›Gelobt sei, was hart macht‹, und dann bekommen sie Herzschmerzen. Sie sagen: ›Man muss sich nur zusammenreißen‹, und sie spüren das Reißen in den Schultern und im Rücken. Sie sagen: ›Nur Schwächlinge weinen‹, und die angestauten Tränen sprengen fast ihre Köpfe. Oder aber sie betäuben sich mit Alkohol und Drogen, damit sie mich nicht fühlen müssen.«

»Oh ja«, bestätigte die alte Frau, »solche Menschen sind mir auch schon oft begegnet.«

Die Traurigkeit sank noch ein wenig mehr in sich zusammen. »Und dabei will ich den Menschen doch nur helfen. Wenn ich ganz nah bei ihnen bin, können sie sich selbst begegnen. Ich helfe ihnen, ein Nest zu bauen, um ihre Wunden zu pflegen. Wer traurig ist, hat eine besonders dünne Haut. Manches Leid bricht wieder auf wie eine schlecht verheilte Wunde, und das tut sehr weh. Aber nur, wer die Trauer zulässt und all die ungewollten Tränen weint, kann seine Wunden wirklich heilen. Doch die Menschen wollen gar nicht, dass ich ihnen dabei helfe. Stattdessen schminken sie sich ein grelles Lachen über ihr Narben. Oder sie legen sich einen dicken Panzer aus Bitterkeit zu.«

Die Traurigkeit schwieg. Ihr Weinen war erst schwach, dann stärker und schließlich ganz verzweifelt.

Die kleine, alte Frau nahm die zusammengesunkene Gestalt tröstend in ihre Arme. Wie weich und sanft sie sich anfühlt, dachte sie und streichelte zärtlich das zitternde Bündel.

»Weine nur, Traurigkeit«, flüsterte sie liebevoll. »Ruh dich aus, damit du wieder Kraft sammeln kannst. Du sollst von nun an nicht mehr alleine wandern. Ich werde dich begleiten, damit die Mutlosigkeit nicht noch mehr Macht gewinnt.«

Die Traurigkeit hörte auf zu weinen. Sie richtete sich auf und betrachtete erstaunt ihre neue Gefährtin. »Aber ... aber – wer bist eigentlich du?«

»Ich?«, sagte die kleine, alte Frau schmunzelnd. »Ich bin die Hoffnung.«

(von Inge Wuthe)

Zu schnell gefahren

Jack schaute kurz noch einmal auf seinen Tacho, bevor er langsamer wurde: 73 km/h in einer 50er Zone. Mist, das war das vierte Mal in vier Monaten.

Er fuhr rechts an den Straßenrand und dachte: Lass den Polizisten doch wieder einmal *herummosern* an meinem Fahrstil. Mit etwas Glück würde ein noch schnellerer Autofahrer an ihnen vorbeiflitzen, an dem der Polizist mehr Interesse hätte.

Der Polizist stieg aus seinem Auto aus, mit einem dicken Notizbuch in der Hand. War das etwa Bob? Bob aus der Kirche?

Jack sank tiefer in seinen Sitz. Das war nun schlimmer als der Strafzettel: Ein christlicher Polizist erwischt einen Typen aus seiner eigenen Kirche.

»Hi Bob. Komisch, dass wir uns so wiedersehen!«

»Hallo Jack.«

»Ich sehe, du hast mich erwischt in meiner Eile nach Hause zu kommen, um meine Frau und die Kinder zu sehen.«

»Ja, so ist das.«

»Ich bin erst sehr spät aus dem Büro gekommen. Diane erwähnte etwas von Roastbeef und Kartoffeln heute Abend. Verstehst du, was ich meine?«

»Ich weiß, was du meinst. Und ich weiß auch, dass du soeben ein Gesetz gebrochen hast.«

Aua, dachte Jack, das ging in die falsche Richtung. Zeit, die Taktik zu ändern.

»Bei wie viel hast du mich erwischt?« Jack machte Anstalten, aus dem Wagen zu steigen.

»Siebzig. Würdest du dich bitte wieder in dein Auto setzen?«

»Ach Bob, warte bitte einen Moment. Ich habe es sofort gecheckt, als ich dich gesehen habe! Ich habe mich auf höchstens 65 km/h geschätzt!«

»Jack, bitte setz dich wieder in dein Auto!«

Genervt quetschte Jack sich wieder hinters Steuer. Ein Knall. Türe zu. Er starrte auf sein Armaturenbrett.

Bob schrieb fleißig in seinen Notizblock. Warum wollte Bob nicht seinen Führerschein und die Papiere sehen?

Dann klopfte Bob an die Wagentür. Er hatte einen Zettel in der Hand. Jack öffnete das Fenster, maximal fünf Zentimeter, gerade genug, um den Zettel an sich zu nehmen. Bob reichte ihm den Zettel und ging dann zu seinem Auto, ohne ein weiteres Wort zu verlieren.

Jack faltete den Zettel auf. Was würde ihn dieser Spaß wieder kosten? Doch, Moment: War das ein Witz? Das war kein Strafzettel!

Jack las:

Lieber Jack,
ich hatte einmal eine kleine Tochter. Als sie sechs Jahre alt war, starb sie bei einem Verkehrsunfall. Richtig geraten: Der Typ ist zu schnell gefahren.
Ein Strafzettel, eine Gebühr und drei Monate Knast und der Mann war wieder frei. Frei, um seine Tochter wieder in den Arm nehmen zu dürfen. Alle drei konnte er wieder liebhaben.
Ich hatte nur eine Tochter und ich werde warten müssen, bis ich in den Himmel komme, bevor ich sie wieder in den Arm nehmen kann. Tausend Mal habe ich versucht, diesem Mann zu vergeben. Tausend Mal habe ich gedacht, ich hätte es geschafft. Viel-

leicht habe ich es geschafft, aber ich muss immer wieder an sie denken. Auch jetzt. Bete bitte für mich!
Und sei vorsichtig, Jack. Mein Sohn ist alles, was ich noch habe ...
Bob

Jack drehte sich um und sah Bob wegfahren, bis er nicht mehr zu sehen war. Langsam fuhr auch er nach Hause.
Zu Hause angekommen nahm er seine überraschte Frau und die Kinder in den Arm und drückte sie ganz fest.

Das Leben ist so wertvoll. Behandle es mit Sorgfalt!

(unbekannter Verfasser, gelesen bei www.zeitzuleben.de)

Zwei Mönche

Zwei Mönche waren auf der Wanderschaft. Eines Tages kamen sie an einen Fluss.

Dort stand eine junge Frau mit wunderschönen Kleidern. Offenbar wollte sie über den Fluss, doch da das Wasser sehr tief war, konnte sie den Fluss nicht durchqueren, ohne ihre Kleider zu beschädigen.

Ohne zu zögern ging einer der Mönche auf die Frau zu, hob sie auf seine Schultern und watete mit ihr durch das Wasser. Auf der anderen Flussseite setzte er sie trocken ab.

Nachdem der andere Mönch wieder durch den Fluss gewatet war, setzten die beiden ihre Wanderung fort.

Nach etwa einer Stunde fing der eine Mönch an, den anderen zu kritisieren: »Du weißt schon, dass das, was du getan hast, nicht richtig war, nicht wahr? Du weißt, wir dürfen keinen nahen Kontakt mit Frauen haben, und du hast sie sogar berührt. Wie konntest du nur gegen diese Regel verstoßen?«

Der Mönch, der die Frau durch den Fluss getragen hatte, hörte sich die Vorwürfe des anderen ruhig an. Dann antwortete er: »Ich habe die Frau vor einer Stunde am Fluss abgesetzt – warum trägst du sie immer noch mit dir herum?«

(unbekannter Verfasser)

Die Liebe und der Wahnsinn

Es wird erzählt, dass alle Gefühle und Eigenschaften des Menschen einmal ein Treffen hatten. Als die Langeweile zum dritten Mal gähnte, schlug der Wahnsinn vor: »Lasst uns Verstecken spielen.« Die Intrige hob die Augenbrauen und die Neugierde fragte: »Verstecken, was ist denn das?« »Das ist ein Spiel«, sagte der Wahnsinn. »Ich schließe meine Augen und zähle von eins bis tausend. Inzwischen versteckt ihr euch. Wenn ich das Zählen beendet habe, wird der Letzte, den ich finde, meinen Platz einnehmen, um das Spiel fortzusetzen.«

Die Begeisterung und die Euphorie tanzten vor Freude. Die Freude machte so viele Sprünge, dass sie den letzten Schritt tat, um den Zweifel zu überzeugen, und sogar die Gleichgültigkeit, die sonst an nichts Interesse zeigte, machte mit. Aber nicht alle wollten mitmachen: Die Wahrheit bevorzugte es, sich nicht zu verstecken, wozu auch? Zum Schluss würde man sie immer entdecken, und der Stolz meinte, dass es ein dummes Spiel wäre (im Grunde ärgerte er sich nur, dass die Idee nicht von ihm kam), und die Feigheit zog es vor, nichts zu riskieren.

»Eins, zwei, drei ...«, der Wahnsinn begann zu zählen. Als Erstes versteckte sich die Trägheit, die sich hinter den ersten Stein fallen ließ. Der Glaube stieg zum Himmel empor, und die Eifersucht versteckte sich im Schatten des Triumphes, der es aus eigener Kraft geschafft hatte, bis zur höchsten Baumkrone zu gelangen.

Die Großzügigkeit schaffte es kaum, sich selbst zu verstecken, da sie bei allen Verstecken, die sie fand, glaubte, ein wunderbares Versteck für einen ihrer Freunde gefunden zu haben: Ein kristallklarer See war ein wunderbares Versteck für die Schönheit. Eine dunkle Höhle, das war ein perfektes Versteck für die Angst. Der Flug eines Schmetterlings das beste Versteck für die Wollust. Ein Windstoß war großartig für die Freiheit. So versteckte sie sich letztlich selbst auf einem Sonnenstrahl.

Der Egoismus dagegen fand von Anfang an einen sehr guten Ort, luftig und gemütlich, aber nur für ihn. Die Lüge versteckte sich auf dem Meeresgrund (stimmt nicht, in Wirklichkeit versteckte sie sich hinter dem Regenbogen). Die Leidenschaft und das Verlangen versteckten sich im Zentrum der Vulkane. Die Vergesslichkeit ... ich habe vergessen, wo sie sich versteckte, aber das ist auch nicht so wichtig.

Als der Wahnsinn »999« zählte, hatte die Liebe noch kein Versteck gefunden. Alle Plätze schienen besetzt zu sein, bis sie den Rosenstrauch entdeckte und gerührt beschloss, sich in der Blüte zu verstecken.

»Tausend«, zählte der Wahnsinn und begann zu suchen.

Die Erste, die entdeckt wurde, war die Trägheit, nur drei Schritte vom ersten Stein entfernt. Danach hörte man den Glauben, der im Himmel mit Gott über Theologie diskutierte. Das Verlangen und die Leidenschaft hörte man im Vulkan vibrieren. In einem unachtsamen Moment fand der Wahnsinn die Eifersucht und so natürlich auch den Triumph. Den Egoismus brauchte er gar nicht zu suchen, ganz allein kam er aus seinem Versteck heraus, das sich als Bienennest entpuppt hatte.

Vom vielen Laufen bekam der Wahnsinn Durst, und als er sich dem See näherte, entdeckte er die Schönheit. Mit dem

Zweifel war es noch einfacher, ihn entdeckte er auf einem Zaun sitzend, weil er sich nicht entscheiden konnte, auf welcher Seite er sich verstecken sollte. So fand er einen nach dem anderen, das Talent im frischen Gras und die Angst in einer dunklen Höhle.

Nur die Liebe tauchte nirgendwo auf.

Der Wahnsinn suchte sie überall. Auf jedem Baum, in jedem Bach dieses Planeten, auf jedem Berg, und als er schon aufgeben wollte, erblickte er die Rosen.

Mit einem Stöckchen fing er an, die Zweige zu bewegen, bis ein Schrei ertönte. Die Dornen hatten der Liebe die Augen ausgestochen.

Der Wahnsinn war hilflos und wusste nicht, wie er seine Tat wiedergutmachen konnte. Er weinte und entschuldigte sich, und er versprach ihr, für immer ihr Blindenführer zu sein.

Seit dieser Zeit, seit zum ersten Mal auf Erden Verstecken gespielt wurde, ist die Liebe blind und der Wahnsinn immer ihr Begleiter.

(unbekannter Verfasser)

Himmel und Hölle

Ein Rabbi kommt zu Gott: »Herr, ich möchte die Hölle sehen und auch den Himmel!« – »Nimm Elia als Führer«, spricht der Schöpfer, »er wird dir beides zeigen.«
Der Prophet nimmt den Rabbi an die Hand. Er führt ihn in einen großen Raum. Ringsum Menschen mit langen Löffeln. In der Mitte, auf einem Feuer kochend, ein Topf mit einem köstlichen Gericht. Alle schöpfen mit ihren langen Löffeln aus dem Topf. Aber die Menschen sehen mager aus, blass, elend. Kein Wunder: Ihre Löffel sind zu lang. Sie können sie nicht zum Munde führen. Das herrliche Essen ist nicht zu genießen.
Die beiden gehen hinaus: »Welch seltsamer Raum war das?«, fragt der Rabbi den Propheten.
»Die Hölle«, lautet die Antwort.
Sie betreten einen zweiten Raum. Alles genau so wie beim ersten. Ringsum Menschen mit langen Löffeln. In der Mitte, auf einem Feuer kochend, ein Topf mit einem köstlichen Gericht. Alle schöpfen mit ihren langen Löffeln aus dem Topf. Aber – ein Unterschied zum ersten Raum: Diese Menschen sehen gesund aus, gut genährt, glücklich.
»Wie kommt das?« – Der Rabbi schaut genau hin. Da sieht er den Grund: Diese Menschen schieben sich die Löffel gegenseitig in den Mund. Sie geben einander zu essen.
Da weiß der Rabbi, wo er ist.

(Russische Weisheit)

Der Lächler

Ein Mann, der immer sehr mürrisch schaute, ohne dass es ihm bewusst war, ging eines Tages an einem großen Spiegel vorbei, sah sich – und erschrak. Er dachte, wenn mich alle Menschen so sehen, das ist ja furchtbar, ich bin ja gar nicht so mürrisch wie ich aussehe. Er beschloss in diesem Augenblick, mehr zu lächeln, natürlich fiel ihm das schwer. Er vergaß es immer wieder, deshalb klebte er sich an alle möglichen Orte kleine Zettel, auf denen stand:»Lächle einfach«. Seine erste Lektion, die er lernen musste, nachdem er das Lächeln konnte:»Mein Lächeln irritiert die Menschen«. Lächelte er zum Beispiel eine junge Frau an, die neben ihm im Auto an der Ampel wartete, so schaute sie weg, weil sie sich angemacht fühlte. Lächelte er einen Mann an, so stieß er auch auf sonderbare Reaktionen, die er mit ernstem Gesicht nicht kannte. Lächeln mit Blickkontakt irritiert die meisten Menschen, da beim Lächeln die Augen viel Energie ausstrahlen. So viel Energie wird nur bei Menschen ausgestrahlt, die sich sehr nahe oder vertraut sind, war seine Erkenntnis. Also versuchte er nicht mehr, zwanghaft einen Blickkontakt aufzubauen.

Seine zweite Erfahrung war viel besser. Saß er zum Beispiel in einem Café und lächelte so vor sich hin, ohne einen Blick zu suchen, so spürte er, dass die Blicke der anderen Gäste immer häufiger zu ihm wanderten. Er konnte auch die Gedanken spüren: Erst,»Das ist ein Verrückter«, dann »Ist er frisch verliebt?«, dann»Warum lächelt der immer?«.

Diese dritte Frage brachte bei den anderen ganz viele Gedanken ins Rollen.

Oft geschah nichts, aber manchmal sprach ihn jemand an und mit dem konnte er »Blickkontakt mit Lächeln« aufnehmen, ohne missverstanden zu werden. Er war nämlich seit seiner Entscheidung »Lächle einfach« der glücklichste Mensch.

Ich verrate euch noch etwas: Er kann sein Lächeln gar nicht mehr unterdrücken.

Eine ehrliche Frage: *Lächeln Sie in diesem Augenblick?*

(von Lena Lieblich,
aus »Kathi und andere Geschichten«)

Der Stein der Weisen

Einst lebte in einem fernen Land ein mächtiger König. Er hörte die Sage des magischen »Steins der Weisen«, und das entfachte in ihm den sehnlichen Wunsch, in dessen Besitz zu gelangen. Sofort rief er seine obersten Berater zu sich. Er wählte aus den Reihen der Wissenschaft, dem Glauben und der Soldaten die drei klügsten und tapfersten Männer aus. Diese sollten sich auf die Suche nach dem mystischen Stein begeben.

Alle drei erhielten je eine große Truhe mit Gold, einen Ring mit dem königlichen Siegel und schnelle Pferde, um damit das Objekt der Begierde aufzuspüren. Der König gab ihnen ein Jahr Zeit, diese Aufgabe zu erfüllen. Dem glücklichen Finder versprach er große Ehre und Reichtümer, für sich und seine Nachkommen. Wer nicht pünktlich zum Jahrestag erscheinen sollte oder unverrichteter Dinge zurückkam, der hatte sein Leben und das seiner Sippe verwirkt. So schickte er die drei Männer auf die Reise.

Der erste Suchende war ein General der königlichen Armee. Er ließ alle Soldaten ausschwärmen, um so jeden Winkel des Landes systematisch zu durchkämmen. Überall fragten und forschten die Soldaten nach dem gesuchten Gegenstand. Auf allen Marktplätzen ließ der General im Namen des Königs das Suchgeheiß und dessen Erfüllung verkünden. Für jeden Hinweis, der zur Auffindung des gewünschten Objekts führte, setzte er eine große Belohnung aus. Allen Beamten und jedem Einwohner im Reich erteilte er die Aufgabe, den »Stein der Weisen« zu suchen und zu finden. Diese Macht gab ihm das Siegel des Königs. Jeden einzelnen Hinweis ließ der General durch seine Soldaten überprüfen. So vergingen die Monate, aber keiner der Soldaten kam mit greifbaren Beweisen zurück.

Der zweite Suchende war ein Bischof und Gelehrter der Kirche. Er schickte seine Glaubensbrüder aus, um in den Klöstern und Universitäten des Landes die Bibliotheken nach den Erwähnungen des »Steins der Weisheit« zu durchsuchen. Bücher aus der ganzen Welt und in allen Sprachen wurden Seite für Seite gesichtet. Sie verglichen die Eintragungen, Geschichten und Sagen miteinander, um nach den möglichen Aufbewahrungsorten zu suchen. Die Informationen wurden gesammelt und ausgewertet. Zu jedem der erwähnten Orte sandten die Mönche Boten, um dort die Menschen zu befragen und nach weiteren Spuren zu suchen. Enttäuscht kehrten die Mönche aus den Provinzen zurück, um ihrem Bischof das Scheitern zu berichten.

Der dritte Suchende war ein Magister der Magie, der Alchemie und der Hexenkunst. Er kannte alle Geheimnisse von Kräutern, chemischen Elementen und starken Beschwörungsformeln. In seinem großen unterirdischen Laboratorium brodelten die heißesten Wasser und lagen die kältesten Steine der Erde. Seine Bücher beinhalteten tausende Rezepturen von mächtigen Hexen und Zauberern.

Er begann zusammen mit vielen Assistenten die Formeln zu studieren, um die Zusammensetzung des »Steins der Weisen« zu ergründen. Der Alchemist experimentierte mit den Elementen des Wassers, der Erde und der Luft. Durch Erhitzen, Gefrieren, Oxidation und Reduktion versuchten er und seine Gesellen, neue Metallverbindungen zu erschaffen. Ständig wurden neue Theorien aufgestellt, welche aber bald wieder verworfen werden mussten. Keinem gelang es, irgendein Metall in Gold zu verwandeln oder gar das Elixier des Lebens zu brauen. Schweren Herzens musste der Magister, nach einem Jahr des Experimentierens, die Versuche als gescheitert anerkennen.

Der Tag der Abrechnung kam und die drei Abgesandten traten vor den König und den versammelten Hofstaat, um ihre Ergebnisse offenzulegen. Der General berichtete über seine Strategie und den Misserfolg seiner landesweiten Suche. Er fasste seine Ausführungen zusammen:»In jedem Winkel des Reiches haben wir gesucht und auch viele seltsame Steine gefunden, aber der wahre Stein der Weisen war nicht dabei. Er muss für die Augen unsichtbar sein.«

Dann trat der Mann des Glaubens vor den König und übermittelte das negative Ergebnis seiner Suche in den gesammelten Schriften des Reiches. Seine letzten Worte lauteten: »In vielen Schriften wird von der sagenhaften Kraft des Steins der Weisen berichtet, doch nirgends wurde das Geheimnis einheitlich offenbart. Seine Macht muss unsagbar groß sein, da es sich in den unterschiedlichsten Formen manifestieren kann.«

Als Letzter legte der Alchemist die Ergebnisse seiner misslungenen Berechnungen und Experimente vor. Er fasste seine Ausführungen wie folgt zusammen:»Der Stein der Weisen muss das höchste und reinste Element des Himmels sein, da es aus keiner Substanz der Erde gewonnen werden kann.«

Der König war über das Scheitern seiner weisesten und tapfersten Männer sehr enttäuscht. Er verurteilte die Versager und deren Familien wie versprochen zum Tode. Wütend brüllte der König in seinen versammelten Hofstaat: »Warum kann mir niemand diesen Stein beschreiben oder zeigen? Bin ich denn nur von dummen Menschen und Narren umgeben?« Es war mucksmäuschenstill im Saal.

Da schallte ein helles Kichern durch den Raum. »Warum, Herr König, habt Ihr uns nicht schon vorher gefragt!?« Alle Augen wandten sich den beiden Hofnarren zu. Sie waren kleinwüchsige Zwillingsbrüder mit lustigen Kappen auf dem Kopf. Der eine bückte sich, nahm einen großen weißen Kieselstein vom Boden auf und trat vor den König. »Hier, Eure Majestät, ist der Stein, den das gesamte Reich verzweifelt gesucht hat.« Der Narr hob den Stein in die Höhe, dass ihn alle sehen konnten.

»Wollt ihr mich foppen? – Schurken, ihr spielt mit eurem Leben!«, donnerte der König.

»Lasst es mich Eurer Majestät doch beweisen«, entgegnete der Narr und überreichte den Stein ehrfurchtsvoll und ergeben seinem König. Dieser schaute ungläubig auf den Kiesel in seiner Hand.

Da sprach der zweite Narr: »Sagt mir, Beschützer aller Gläubigen, wer hält diesen magischen Stein in seinen Händen?« Der König antwortete zögerlich: »Ich.«

Grinsend fragte der erste Narr: »Wer ist der reichste und mächtigste Mann in unserem Königreich?«

Der König bestätigte: »Ich.«

Weiter sprach der andere Narr: »Sagt mir, mein Herrscher, was müsste ich für Eure silberne Gürtelschnalle bezahlen?« Der König überlegte und erwiderte: »Mindestens einhundert Goldstücke!«

Beide Narrenbrüder klatschten in die Hände, machten vor Freude einen akrobatischen Luftsprung und riefen in die Zuschauermenge: »Seht alle her! Seit unser König diesen magischen Stein in seinen Händen hat, ist er der mäch-

174

tigste und reichste Mann im Reich. Er kann sogar Silber in Gold verwandeln.«

Wütend fiel ihm der König ins Wort:»Ich gehe euch nicht auf den Leim. Wie soll mich dieser Stein unsterblich machen?«

Der zweite Narr antwortete ihm:»Mit diesem mystischen Stein in der Hosentasche, kann unsere weise Majestät Taten vollbringen, von denen die Geschichtsbücher bis in alle Ewigkeit berichten werden. Auch wenn die körperliche Hülle unseres edlen Königs nicht ewig überdauern kann, so wird sein übergroßer Geist in den vollbrachten Heldentaten für ewig in den Gedanken und Herzen der Menschen weiterleben.«

Der König lachte und entgegnete den beiden Narren:»Ich bin der König und verkörpere Recht und Gesetz. Doch wenn ich einem von euch diesen Stein gebe, hat er nicht die Soldaten und die königliche Macht, diese Taten zu vollbringen.« Sprach es und warf den Stein einem der Narren zu.

Geschickt fing der Narr den Stein in der Luft auf und mit einem breiten Grinsen entgegnete er:»Dieser magische Stein ist nun mein Schutz und meine Quelle. Niemand im ganzen Reich hat die Macht und die Kraft, meinen Geist zu befehligen oder meine Seele zu fangen. Nur ich bin der Hüter meiner Gedanken und der Meister meiner Gefühle.«

Der zweite Narr klatschte vergnügt in die Hände und rief in die Menschenmenge:»Deshalb macht dieser Stein meinen Bruder zum mächtigsten Mann des Reiches!«

Ein Raunen ging durch die Zuschauerreihen. Einer der anwesenden Edelmänner warf dem Narren einen alten Kupfernagel zu.»Du mächtigster Mann, mach mir mit der Kraft deines Steines dieses Metall zu Gold!«

Der Angesprochene setzte sich auf den Boden und begann, den Nagel mit dem Stein in die Form eines Ringes zu klopfen. Als er sein Werk vollendet hatte, stand er auf, hielt ihn in die Höhe und sprach:»Seht alle her, dies ist der Ring des Narren. Er beschützt seinen Träger vor Torheit und Starrsinn. Wer bietet mir einen Silberling?« Sofort fanden sich mehrere Käufer, und der Narr versteigerte seinen Ring für sechs Goldstücke, die er dem verblüfften Besitzer des Kupfernagels überreichte.

Da begann der König wissend zu lachen und sprach zu den beiden Narren:»Euer Possenspiel hat uns des Rätsels Lösung offenbart. Der Weisheit wahres Gesicht konnten weder tapfere Soldaten noch Männer der Wissenschaft oder des Glaubens uns zeigen. Erst durch die Augen der Narren erblickten wir die Wahrheit. Als Dank sollt ihr beide von nun an die zwei Weisen genannt werden. Euer Stein soll in den königlichen Schatzkammern als Stein der Weisen geführt und behütet werden. Als Belohnung hat ein jeder von euch einen Wunsch frei.«

Der erste Narr wünschte sich die Begnadigung der drei Verurteilten und deren Familien. Der Wunsch seines Bruders lautete, dass sie weiterhin»Narren« genannt werden wollten.

Seit jener Zeit wird dieses Objekt des Wissens von einer Generation zur nächsten weitergereicht. Nun kannte die ganze Menschheit den Aufbewahrungsort des»Steins der Weisen« und dessen magische Wahrheit. Er war schwer zu finden, weil er einfach zu gut versteckt war. Der göttliche Schöpfer hat jeden Menschen mit dem Geschenk der Weisheit bedacht, und als kleinen Stein in seinem Innersten abgelegt. Diese Macht sollte jeder besitzen und allzeit sofort benutzen können. Leider wurde die Kraft des Steins zu wenig genutzt und so geriet der Aufbewahrungsort langsam in Vergessenheit.

Narren sehen die Welt aus einem anderen Blickwinkel und erkennen dadurch manchmal schneller das Geheimnis des Lebens und der ganzheitlichen Erkenntnis.

(von Marcel Egger, aus »Energie der Harmonie«)

Lernchen und Lesel

Es war einmal ein kleines Wesen. Und das war unglaublich wissbegierig und neugierig. Es fand einfach alles interessant und wollte ständig dazulernen.

Die Leute nannten das Wesen »Lernchen«, denn die Lieblingsfrage des Lernchens war »Warum ist das so?« und der am häufigsten verwendete Satz: »Erklär mir bitte, wie das geht.«

Manche der Erwachsenen fanden das Lernchen niedlich. Sie freuten sich über die Fragen und beantworteten sie gerne. Anderen ging es ziemlich auf die Nerven. Doch das Lernchen ließ sich von nichts und niemanden beirren. Es fragte sich munter durch die Welt mit seinem unstillbaren Hunger nach Wissen.

Manchmal aber war das Lernchen traurig. Denn die anderen Kinder mochten es nicht sehr, sondern hänselten es. Für sie war das Lernchen ein Streber. Sie sahen nicht, dass es dem Lernchen nicht um gute Noten ging (die kamen einfach dazu), sondern dass es entdeckt hatte, wie spannend die Welt und das Leben waren. Das Lernchen konnte gar nicht begreifen, dass sich niemand sonst so für das Lernen begeistern konnte wie es selbst.

Eines Tages kam nun jemand Neues in die Stadt. Und schnell machte ein Gerücht die Runde: Es handelte sich um jemanden, der ununterbrochen las!

Das Lernchen spitzte die Ohren, wenn die Leute vom »Lesel« sprachen und über ihn spotteten.

»Wie kann man nur ständig lesen?«, fragten sie sich und schüttelten die Köpfe. Sie waren zwar beeindruckt davon, was der Lesel alles wusste und erzählen konnte, aber das gaben sie nicht zu, denn jemand, der so klug und belesen ist, ist den meisten Menschen unheimlich.

Nicht so dem Lernchen.

Es lief schnurstracks zum Lesel. Und damit begann eine wundervolle Freundschaft.

Das Lernchen stellte dem Lesel unendlich viele Fragen. Manche konnte der Lesel aus dem Stand beantworten. Bei anderen musste er erst in eine Bibliothek gehen. Doch nie ließ er auch nur eine Frage des Lernchens unbeantwortet.

Und das Lernchen wurde nie müde, Fragen zu finden und zu stellen.

Glaubt mir, den beiden wurde niemals langweilig! Und noch heute stellt das Lernchen seine Fragen und der Lesel liest, um sie alle beantworten zu können ...

(von Kari Stern)

Mit Gott zu Mittag gegessen ...

Es war einmal ein kleiner Junge, der unbedingt Gott treffen wollte. Er war sich darüber bewusst, dass der Weg zu dem Ort, an dem Gott lebte, ein sehr langer war. Also packte er sich einen Rucksack voll mit einigen Cola-Dosen und mehreren Schokoladenriegeln und machte sich auf die Reise.
Er lief eine ganze Weile und kam in einen kleinen Park. Dort sah er eine alte Frau, die auf einer Bank saß und den Tauben zuschaute, die vor ihr auf dem Boden nach Futter suchten.
Der kleine Junge setzte sich zu der Frau auf die Bank und öffnete seinen Rucksack. Er wollte sich gerade eine Cola herausholen, als er den hungrigen Blick der alten Frau sah. Also griff er zu einem Schokoriegel und reichte ihn der Frau.
Dankbar nahm sie die Süßigkeit und lächelte ihn an. Und es war ein wundervolles Lächeln!
Der kleine Junge wollte dieses Lächeln noch einmal sehen und bot ihr auch eine Cola an.
Und sie nahm die Cola und lächelte wieder – noch strahlender als zuvor. Der kleine Junge war selig.
Die beiden saßen den ganzen Nachmittag lang auf der Bank im Park, aßen Schokoriegel und tranken Cola – aber sprachen kein Wort.
Als es dunkel wurde, spürte der Junge, wie müde er war, und er beschloss, zurück nach Hause zu gehen. Nach einigen Schritten hielt er inne und drehte sich um. Er ging zurück zu der Frau und umarmte sie.
Die alte Frau schenkte ihm dafür ihr allerschönstes Lächeln.

Zu Hause sah seine Mutter die Freude auf seinem Gesicht und fragte: »Was hast du denn heute Schönes gemacht, dass du so fröhlich aussiehst?«

Und der kleine Junge antwortete: »Ich habe mit Gott zu Mittag gegessen – und sie hat ein wundervolles Lächeln!«

Auch die alte Frau war nach Hause gegangen, wo ihr Sohn schon auf sie wartete. Auch er fragte sie, warum sie so fröhlich aussah.

Und sie antwortete: »Ich habe mit Gott zu Mittag gegessen – und er ist viel jünger, als ich gedacht habe.«

(unbekannter Verfasser)

Die Suche nach Harmonie

Ein junger Mann hörte von einem perfekten Ort voller Harmonie und Magie. Wer dort lebte, sei stets glücklich und zufrieden.

Bereits am nächsten Tag machte er sich auf den Weg, diesen mystischen Platz zu finden. Er durchwanderte viele Täler und kletterte über hohe Berge. In heiligen Klöstern, reichen Schlössern und armen Hütten, überall suchte er nach der Harmonie. Menschen, welche er befragte, schickten ihn immer an neue Orte. So vergingen viele Jahre der Suche.

Der Strapazen müde wollte er bereits aufgeben, als ihm ein weiser alter Mann von einer Insel der Harmonie erzählte. An diesem Ort würde sich alles im Einklang befinden. Der Mann gab ihm einen Kompass mit auf den Weg und sprach:»Folge stets den Weisungen der Kompassnadel. Sie wird dich leiten und dich wohlbehalten zu deiner Insel der Glückseligkeit bringen.«

So segelte der junge Mann los. Auf der halben Strecke geriet er in einen Sturm, der sechs Tage und sechs Nächte dauerte. Er kämpfte gegen die Naturgewalten. Der Sturm brachte ihn weit vom Weg ab, und der Mann zweifelte bereits, ob er je seine Insel finden werde. Das Boot kenterte.

Am Morgen erwachte der junge Mann am Strand einer kleinen Insel und neben ihm lag sein Kompass. Da freute sich der Mann, dass er noch lebte.

Gleich darauf begann er, die kleine Insel, auf die noch nie ein Mensch einen Fuß gesetzt hatte, zu erkunden. Er gelangte bis ins Herz der Insel. Umgeben von tropischen Pflanzen und Kokospalmen fand er einen atemberaubend schönen Wasserfall, der sich in einen kleinen goldenen See ergoss. Paradiesvögel spielten in den Lüften. Auf einer Wiese wuchsen wundervoll duftende Blumen und viele exotische Früchte. Dieser Ort war magisch, und voller Harmonie.

Der Mann war so gerührt und so dankbar, dass er auf die Knie sank, Gott für diese Herrlichkeit dankte und zu weinen begann. Er hatte sein Ziel erreicht. Es war der Platz der Harmonie und Zufriedenheit, welchen er so lange gesucht und nun endlich gefunden hatte. Hier wollte er ewig bleiben.

Nach einer Weile plante er, sein Haus direkt in der Mitte des Platzes zu bauen. Er begann ein Loch zu graben. Mit dem Lehm aus der Grube formte er Ziegel und damit baute er sein Haus. Es wurde ein perfektes Haus.

Nach der Vollendung setzte er sich vor sein Werk und betrachtete es mit Zufriedenheit. Das Haus war voller Harmonie. Doch dann fiel ihm das Loch neben seinem Haus auf, aus dem er die Ziegel gewonnen hatte.

Dieses Loch war eine Katastrophe!

Es zerstörte die Harmonie auf dem ganzen Platz und somit die der ganzen Insel. Sofort bedeckte er die Grube mit Palmblättern. Doch wiederum war er nicht zufrieden, denn obwohl er das Loch nicht mehr erkennen konnte, erinnerte er sich daran, wenn sein Blick auf die Blätter fiel. Er beschloss, die Grube wieder zu füllen. Dazu machte er viele kleine Löcher rund um das Haus und füllte damit das große Loch auf.

Als er fertig war, betrachtete er wieder sein Werk. Aber die vielen kleinen Löcher störten ihn wiederum. Der Platz war nicht perfekt.

Er saß einen ganzen Tag und eine ganze Nacht lang vor dem Platz und überlegte hin und her. Am Morgen darauf

hatte er eine Erleuchtung. Er begann, das Haus abzubre-
chen und alle Löcher damit zu füllen. Er machte alles so,
wie er es vorgefunden hatte.

Als er fertig war, betrachtete er sein Werk und war zufrieden. Die Harmonie und Ordnung hatte er wiederherge-
stellt. Nun endlich waren der Ort und damit die Insel wieder perfekt.

Der junge Mann reparierte sein Boot. Er bedankte sich bei
der Insel und segelte zu den Menschen zurück.

Als Erstes besuchte er den weisen Mann. Er brachte ihm
seinen Kompass zurück und dankte für seine Hilfe.

Der Weise fragte ihn: »Hast du deinen Ort der Harmonie
und der Glückseligkeit gefunden?«

Der Mann nickte und sagte: »Nach langer Suche habe ich
dank deines Kompasses den perfekten Ort voller Harmonie
gefunden. – Jetzt bin ich zufrieden und glücklich.«

Auf die Frage, wo dieser Ort liege, sagte der Mann zu ihm:
»In einem Dorf, unweit von hier. Dort habe ich ein perfektes Grundstück gekauft und ein perfektes Haus darauf gebaut. Auch habe ich bereits eine liebe Braut gefunden.
Meine Suche ist nun beendet und ich kann endlich glücklich und in Harmonie leben.«

Jeder trägt seine Harmonie in sich. Wer ewig auf der Suche
ist, wird ewig sein Ziel nicht finden. Suchen Sie nicht, sondern finden Sie Ihre innere Harmonie!

(von Marcel Egger, aus »Energie der Harmonie«)

Die Geschichte von Barak

Es geschah vor vielen Jahren. Genau gesagt im Jahr 1915. In Armenien lebten nur wenige Christen. Sie hatten es schwer; denn die Mehrheit der Menschen dort waren Muslime, und die unterdrückten und verfolgten die Christen. Eines Tages wurde ein Mann – nennen wir ihn Barak – verhaftet und eingesperrt. Er war für seine Klugheit und Freundlichkeit bekannt. Aber jetzt saß er in einer Gefängniszelle. »Wenn du ein Christ bist, musst du sterben«, so lachten ihn die Gefängniswärter aus. »Sag doch deinem Glauben ab, dann kommst du wieder raus!«
Aber Barak schüttelte nur den Kopf. Lieber wollte er sterben, als seinen Herrn Jesus verleugnen. Zu Hause hatte er ein Kreuz an der Wand hängen. Das war ein mutiges Zeichen. Aber Barak war es wichtig, dass er immer erinnert wurde an das Leiden und Sterben Jesu.
Jetzt hatte die Geheimpolizei dieses Kreuz gefunden. Dadurch kam Barak in die dunkle, feuchte Zelle. Das Urteil wurde gleich am nächsten Tag über ihn gesprochen.
»Wenn du nicht deinem Glauben an Christus abschwörst, dann musst du sterben«, rief der Richter. »Schwörst du ab?«
»Nein«, antwortete Barak besonnen und ruhig.
»Dann verurteile ich dich zum Tod. »Und«, so fügte der Richter verständnislos und verächtlich hinzu, »das alles wegen dieses lächerlichen Kreuzes. Wie kannst du, ein kluger und angesehener Mann, nur an einen Gekreuzigten glauben?«
Barak antwortete: »Ich glaube an ihn und der Gekreuzigte ist auch mein auferstandener Herr!«

Der Richter geriet in Wut und ließ Barak in seine Zelle abführen. Dort sollte er auf die Vollstreckung seines Urteils warten. Insgeheim aber hatte der Richter Achtung vor Barak bekommen. Wer so mutig zu seinem Glauben steht, ist nicht zu verachten, dachte er. Aber er konnte es nicht verstehen, warum jemand so hartnäckig an diesem seltsamen Kreuz hing. »Ein Schnitt – und sein Kopf ist ab. Und trotzdem lässt er sein Kreuz nicht los!«

Ein Schnitt – und das Kreuz. Der Richter hatte ein Blatt Papier in die Hand genommen. Er fing an zu grinsen. »Ja«, sagte er leise zu sich selbst, »diesen Spaß gönn ich mir.« Er nahm das Blatt Papier mit, dazu eine Schere, und eilte hinüber ins Gefängnis.

Barak war verwundert, als der Richter plötzlich in der Zelle stand. Seine Hinrichtung war doch erst für morgen vorgesehen. Da erklärte ihm der Richter: »Du riskierst, dass dir der Kopf mit einem Schnitt abgehauen wird. Und das nur, weil dir das Kreuz so wichtig ist. Ich gebe dir eine Chance. Hier hast du ein Blatt Papier, dazu eine Schere. Wenn du mir morgen früh zeigen kannst, wie man mit einem einzigen geraden Schnitt aus diesem Papier ein Kreuz schneiden kann, dann schenke ich dir das Leben.«

Barak begann zu grübeln. Ein Kreuz – mit einem Schnitt aus einem Blatt Papier geschnitten? Der Richter erlaubte sich wohl einen Scherz, machte sich über ihn lustig. Oder?

Barak betete im Stillen, sah immer wieder das Blatt an, dachte stundenlang nach, begann das Blatt zu falten. Und dann – draußen tagte es schon – erhellten sich seine Gesichtszüge. »Ja, so muss es gehen«, murmelte er.

Gespannt wartete er, bis sich die Zellentür öffnete und der Richter eintrat: »Nun?«

»Sehen Sie, Herr Richter«, erklärte Barak, nahm das Papier, faltete es mehrmals, ergriff die Schere, tat einen einzigen geraden Schnitt und faltete das Papier wieder auseinander. »Hier ist das Kreuz, das Sie wollen. Aber nicht nur das Kreuz. Hier sehen Sie den rechten, da den linken Verbrecher. Sie wurden mit Jesus gekreuzigt. Einer wendet sich Jesus zu, der andere von ihm ab. Dort ist der Speer des römischen Soldaten zu erkennen, der Jesus in die Seite stach. Und hier die Tafel, auf der das INRI stand. Und schließlich«, Barak zeigte auf die letzten beiden kleinen Papierstücke, die noch übrig waren, »sehen Sie hier die Würfel, mit denen die Soldaten um das Gewand Jesu würfelten.«

Alle Papierstücke hatte Barak zu einem Bild geordnet. Der Richter blickte den Gefangenen verblüfft an und wies zu der offenen Tür. »Eigentlich wartet draußen dein Henker. Nur ein Schnitt … Aber der Schnitt deines Kreuzes hat dir das Leben zurückgegeben. Gehe nach Hause.« Und Barak ging zurück in sein Haus – und zu seinem Kreuz.

(unbekannter Verfasser)

Bastelanleitung:

Wie Barak im Gefängnis können auch Sie ein Kreuz aus einem Blatt Papier schneiden – mit nur einem einzigen Schnitt. Dazu müssen Sie zuvor ein DIN-A4-Blatt folgendermaßen falten:

1. Knicken Sie das Blatt Papier in drei ungefähr gleiche Teile und streichen Sie es wieder glatt:

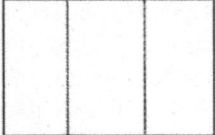

2. Falten Sie nur das linke Drittel zur Mitte hin:

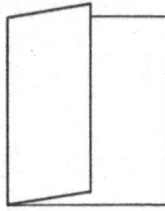

3. Nun falten Sie daraus ein »Häuschen«: Die obere linke Ecke zur Mitte, und die untere linke Ecke zur Mitte:

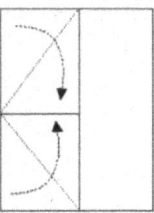

4. Nun falten Sie das »Häuschen« auf die Hälfte:

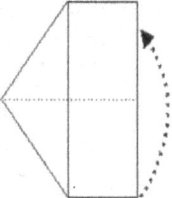

5. Dieses Papier müssen Sie noch einmal auf die Hälfte falten:

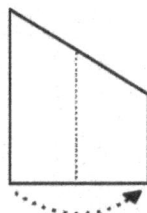

6. Nun können Sie das (ziemlich dick gefaltete) Papier einfach, mit einem einzigen Schnitt, der Länge nach durchschneiden:

7. Beim Auffalten kommt nun die große Überraschung, die Barak das Leben rettete. Sie erhalten nämlich folgende Teile:

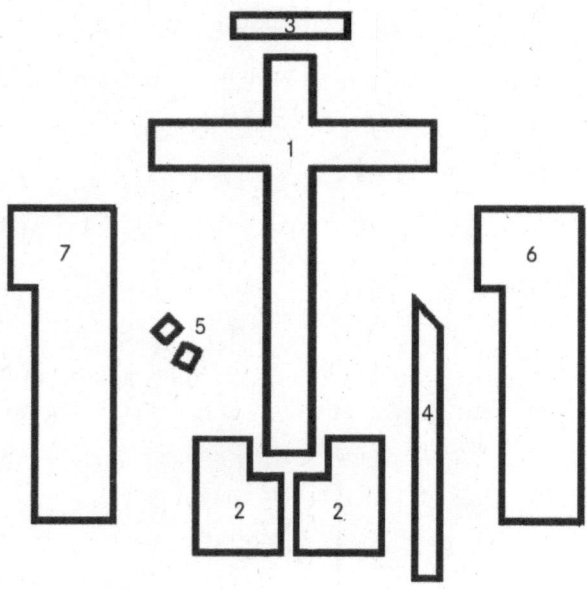

1. Das Kreuz – entstanden aus einem Schnitt.

2. Der Golgatha-Felsen, der in der Todesstunde Jesu genau in der Mitte zerborsten ist.

3. Die Tafel oben am Kreuz, auf der INRI (Iesus Nazarenus Rex Iudaeorum = Jesus von Nazareth, König der Juden) stand.

4. Der Speer, mit dem ein römischer Soldat Jesus in die Seite gestochen hat, um festzustellen, dass er schon tot war.

5. Zwei Würfel, mit denen die Soldaten gewürfelt haben; der Gewinner des Würfelspiels bekam das Gewand Jesu.

6. Der Mann, der mit Jesus zusammen gekreuzigt wurde und sich im Sterben noch Jesus zugewandt hatte.

7. Der Mann auf der anderen Seite, der auch mit Jesus zusammen gekreuzigt wurde und über Jesus im Sterben noch lästerte.

Der kleine Schutzengel

Sehnsüchtig sah Emanuel zu, wie wieder viele Engel die Himmelsleiter hinabstiegen. Sie beeilten sich, um rechtzeitig an Ort und Stelle sein, die Neugeborenen zu beschützen.

»Ach, was würde ich dafür geben, wenn ich auch ein Schutzengel sein dürfte«, seufzte er. »Aber ich habe ja noch nicht einmal Flügel!«

»Emanuel, komm zu mir!«, rief Erzengel Gabriel. Er nahm den Kleinen an die Hand und führte ihn zur himmlischen Kleiderkammer. Weiße Gewänder, Flügelpaare und Heiligenscheine wurden dort aufbewahrt.

Gabriel suchte für ihn ein passendes Gewand, Flügelchen und einen Heiligenschein aus. Er half ihm beim Anziehen, steckte die Flügelchen fest und sagte:

»So mein Kleiner, jetzt bist du ein Schutzengel!«

Emanuel hüpfte vor lauter Freude im Kreis und fragte aufgeregt: »Wohin schickst du mich?«

Gabriel zeigte in die Ferne. Am Himmel leuchtete ein wunderschöner Stern mit einem langen silbernen Schweif: »Folge immer diesem Stern, so lange, bis er stehen bleibt. Dort wird heute Nacht ein neuer, großer König geboren! Er wird für alle Menschen der König des Glaubens, der Liebe und der Hoffnung sein!«

Ein König, dachte Emanuel und ihm wurde ganz bange: »Braucht ein großer König nicht auch einen großen Schutzengel?«

Der Erzengel lächelte und drückte ihm sanft den Heiligenschein aufs Haupt: »Nein, nein! Ein kleiner König und ein kleiner Engel passen gut zusammen!«

Wenig später kletterte Emanuel die Himmelsleiter hinab und folgte immer dem großen Stern.

Ich werde auf meinen König gut aufpassen, dachte er. Wehe, wenn ihm einer etwas tut, den verhau ich. Erschrocken hielt er inne. Ein richtiger Engel durfte so etwas nicht einmal denken.

Hin und wieder schaute er zum Himmel. Er bemerkte, dass der Stern allmählich langsamer wurde. Erstaunt blickte er sich um. Nirgends sah er einen Palast, oder wenigstens ein großes vornehmes Haus?

Er kam durch ein kleines Dorf. Die meisten Häuser waren alt und verfallen, in denen nur arme Leute wohnten.

Neben einem Gasthof stand ein Stall; über ihm blieb der Stern stehen.

Geduldig wartete er darauf, dass der Stern weiterwandern würde. Aber nichts geschah.

Oh mein Gott, durchfuhr es ihn, ich bin dem falschen Stern gefolgt! Vielleicht habe ich mich verlaufen? Ratlos setzte er sich nieder. Da fiel ihm der kleine König ein, den er beschützen sollte.

Emanuel war so traurig, dass er bitterlich weinte.

Plötzlich fühlte er etwas Weiches an seinem Knie. Ein Schaf rieb sein Köpfchen daran. »Warum bist du so traurig, kleiner Engel?«, fragte es. »Ich habe mich verlaufen!« schluchzte er. »Verlaufen?«, blökte das Schaf verwundert.

Er nickte. »Irgendwo wird ein neuer König geboren und nun hat er keinen Schutzengel, weil ich den Palast nicht finden kann!«

Emanuel nahm den Zipfel seines Gewands und schnäuzte sich.

»Im Stall wird auch ein Kind geboren! Aber das sind sehr

arme Leute!«, mähte das Schaf. »Sie kamen mit einem Esel aus einer fernen Stadt!«

Emanuel sah sich um. Er entdeckte auch keine anderen Engel. Er streichelte dem Schaf über das Köpfchen und murmelte: »Das arme Kind. Kein Schutzengelchen weit und breit!«

»Dann beschütze doch du das Kind!«, schlug das Schaf vor. »Arme Leute haben es nicht leicht im Leben!«

Emanuel nickte. Das Schaf hatte Recht. Der kleine Engel stand auf und ging in den Stall. Ein Ochse und ein Esel lagen im Stroh. Ein älterer Mann stand neben seiner jungen Frau, die ihr Kind in die Krippe legte. Emanuel trat näher und sah sich das Neugeborene genauer an. Es war ein hübscher kleiner Junge.

Plötzlich hörte er Räderknirschen, Hufgetrappel und Gewieher; dem folgten Fanfarenstöße und Herolde riefen: »Macht Platz für die Könige!«

Prunkvoll geschmückte Pferde und Kamele hielten vor dem Stall.

Drei Könige, in kostbare Gewänder gehüllt, mit goldenen Kronen auf ihren Häuptern, betraten den ärmlichen Raum. Sie beglückwünschten die Eltern zur Geburt ihres Kindes und überreichten Gold, Weihrauch und Myrrhe. Es waren Geschenke für das Neugeborene. Sie knieten vor der Krippe nieder und jeder König küsste dem kleinen Jungen das Händchen.

Wenig später kamen Hirten. Als sie das Kind in der Krippe sahen, gaben sie ihm alles, was sie hatten: Brot und Käse, Früchte und Wein, dann knieten auch sie nieder.

Ehrfurchtsvoll und staunend hatte Emanuel alles beobachtet.

Sein kleiner Schützling musste schon etwas Besonderes sein, wenn Könige wie Hirten gleichermaßen vor ihm niederknieten.

Er beugte sich etwas vor – und das Kind lächelte ihn an.

Ich habe mich doch nicht verlaufen, dachte der kleine Schutzengel überglücklich. Ich bin auch nicht dem falschen Stern gefolgt. Er ist der neue große König, der König des Glaubens, der Liebe und der Hoffnung, und ich ... ich ... ich darf ihn beschützen!

(von Sieglinde Breitschwert)

Was das Leben ist

Eines Tages beschloss das Leben, eine Umfrage zu machen. Es wollte von allen nur eine Frage beantwortet haben: »Was ist das Leben?«

Die Kuh antwortete: »Das Leben ist grün.«

Die Eule antwortete: »Das Leben ist Nacht.«

Die Lerche antwortete: »Das Leben ist ein blauer Himmel.«

Der Schmetterling antwortete: »Das Leben ist Veränderung.«

Die Sonne antwortete: »Das Leben ist Energie.«

Das Wasser antwortete: »Das Leben ist Fließen.«

Die Steine antworteten: »Das Leben ist fest und beharrlich.«

Der Friedhofswächter antwortete: »Das Leben ist der Anfang vom Ende.«

Und so ging es immer weiter und das Leben sammelte unzählige Antworten, von denen keine der anderen glich.

Am Ende kamen alle Befragten zusammen und stellten nun dem Leben die Frage: »Was bist du denn nun?«

Da antwortete das Leben: »All das zusammen und noch viel mehr.«

(unbekannter Verfasser)

Was ist nun das Leben?

Ein Mann kam zum Meister.

»Herr, ich brauche deinen Rat. Ich bin ein reicher Mann, aber alle wollen mir nur Böses. Das ganze Leben ist ein Kampf.«

»Höre auf zu kämpfen«, lautete die Antwort des Alten.

Der Mann konnte mit dieser Antwort nichts anfangen. Er war wütend und stapfte davon. In den folgenden Monaten kämpfte er mit jedem, der sich ihm näherte, und machte sich viele Feinde. Vollkommen erschöpft kam er nach einem Jahr wieder.

»Ach Herr, ich mag nicht mehr kämpfen. Das Leben wiegt so schwer – es ist eine Last.«

»Erleichtere dich von dem Gewicht«, lautete die Antwort.

Der Mann war wieder verärgert angesichts dieser Antwort, die er nicht verstand, und ging. In dem folgenden Jahr verlor er alles Hab und Gut. Seine Frau verließ ihn und nahm die Kinder mit. Vollkommen mittellos kam er zum Meister.

»Herr, das Leben ist keine Last mehr, denn ich habe alles verloren. Das Leben ist ein Elend.«

»Höre auf zu leiden.«

Diesmal war der Mann nur traurig über die Antwort, die ihm nicht weiterhalf. Er ging nicht weit, sondern blieb am Fuße des Berges sitzen, auf dem der Meister wohnte. Er weinte und weinte – tagelang, wochenlang, monatelang.

Nachdem keine einzige Träne mehr in ihm war, hob er den Blick. Es war ein früher Morgen und die Sonne ging gerade auf. Er stand auf und ging zum Meister.

Diesmal fragte er den Alten: »Herr, was ist nun das Leben?«
Der Meister lächelte liebevoll und sagte zu ihm: »Eine auf-
gehende Sonne an einem neuen Tag.«

(unbekannter Verfasser)

Die Welt in Ordnung bringen

Ein kleiner Junge kam zu seinem Vater und wollte mit ihm spielen. Der aber hatte keine Zeit für den Jungen und auch keine Lust zum Spiel. Also überlegte er, womit er den Knaben beschäftigen könnte.

Er fand in einer Zeitschrift eine komplizierte und detailreiche Abbildung der Erde. Dieses Bild riss er heraus und zerschnitt es dann in viele kleine Teile. »Hier, mein Junge! Bringe die Welt in Ordnung und bastle dieses Puzzle wieder zusammen. Wenn du fertig bist, dann werde ich mit dir spielen, bis dahin werde ich noch was anderes tun.« Mit diesen Worten gab er dem Jungen die Schnipsel und dachte, dass der nun mit diesem schwierigen Puzzle wohl eine ganze Zeit beschäftigt sei.

Der Junge zog sich in eine Ecke zurück und begann mit dem Puzzle. Nach wenigen Minuten kam er zum Vater und zeigte ihm das fertig zusammengesetzte Bild.

Der erstaunte Vater konnte es kaum glauben und fragte seinen Sohn, wie er das geschafft habe.

Das Kind sagte: »Ach, das war ganz einfach. Auf der Rückseite war ein Mensch abgebildet. Den habe ich richtig zusammengesetzt. Denn ich dachte mir, ist der Mensch in Ordnung, dann ist auch die Welt in Ordnung.«

(unbekannter Verfasser)

Die Maus in der Hand

Es war einmal ein weiser Mann, der immer zur rechten Zeit die richtigen Ratschläge gab. Darum wurde er auch viel befragt und genoss großes Ansehen bei der Bevölkerung. Dies ärgerte die Oberen des Landes sehr. Und sie überlegten, wie sie dem weisen Mann eine Falle stellen könnten. Nach langem Überlegen hatten sie eine Idee. Einer der ihren sollte mit einer Maus in der geschlossenen Hand zum Weisen gehen und ihn fragen, was er in der Hand verberge. Sollte wider Erwarten der weise Mann die Maus benennen, könnte durch die Zusatzfrage:»Ist das, was sich in meiner Hand befindet, lebendig oder tot?«, der Mann bloßgestellt werden.
Lautete die Antwort tot, würde die Hand geöffnet werden mit der lebenden Maus.
Lautete die Antwort lebendig, könnte die Maus durch schnelles Zusammendrücken der Hand getötet werden.
Die Oberen gingen also zum weisen Mann und fragten ihn:»Was ist in meiner Hand?«
Der Weise antwortete:»Eine Maus.«
»Ist das in meiner Hand tot oder lebendig?«
Darauf antwortete der weise Mann:»Ob das, was in eurer Hand liegt, lebt oder tot ist, liegt in eurer Hand!«

(unbekannter Verfasser)

Der Fluss der Erkenntnis

Einst lebte in einem fernen Bergkloster ein blinder, aber sehr weiser Mönch. Er war bis über die Grenzen hinaus bekannt. Gerne wurde er von jungen Männern aufgesucht, die seinen Rat und seine Lehren schätzten. Nur sehr wenige Bewerber erwählte er zu seinen Schülern.

Eines Tages war ein neuer Anwärter bei diesem Meister zum Tee eingeladen. Er kam pünktlich zum vereinbarten Termin. Der Meister wies ihn an, mit ihm Tee zu trinken. Höflich und demütig verbeugte sich der junge Mann vor dem Meister und setzte sich an den kleinen Teetisch. Er war wissbegierig und voller Tatendrang. Sofort begann er, von sich, seinen Plänen und seinen Visionen zu erzählen.

Der Lehrer sprach kein Wort. Er hörte aufmerksam den Ausführungen des Bewerbers zu und tastete sich langsam zu einer Kanne, in der der Tee dampfte. Er begann, den Tee in eine Schale einzuschenken. Als die Schale bereits voll war, hörte er nicht auf einzugießen, bis der Tee überlief.

Der junge Mann unterbrach verdutzt seinen Wortschwall und sprach: »Meister, die Schale ist schon längst voll und der Tee ergießt sich bereits auf den Tisch.«

Der Lehrer hörte auf einzuschenken und antwortete: »So wie in dieser Schale kein Tee mehr Platz hat, so ist dein Geist übervoll und kann nichts Neues mehr aufnehmen. Gehe nun nach Hause. Denke über die heutige Lektion nach und komme wieder, wenn du bereit bist.«

Am nächsten Tag erschien der Bewerber erneut. Er fand den alten Mönch im Garten meditierend an einem sprudelnden Quellstein sitzend. Schweigend setzte sich der

Schüler auf einen Stein. Nach einer Weile hob der Meister leicht den Kopf und ohne seinen Blick zu verändern, sprach er: »Welche Lehre konntest du aus der gestrigen Begebenheit ziehen?«

Der junge Mann antwortete ihm bedächtig: »Ihr habt mich gelehrt, dass, wenn ich etwas Neues lernen will, ich mich zuerst von allem Alten und Überflüssigen zu trennen habe. Mein Geist ist wie die Schale mit Tee. Erst wenn ich Platz in meinem Geist geschaffen habe, kann ich Neues aufnehmen.«

Der Meister drehte sich zu ihm um und sagte: »Ich sehe, du hast gut aufgepasst und so die erste Lektion gelernt. Was willst du von mir lernen?«

Der Schüler dachte nach und antwortete höflich: »Ich möchte Euer Schüler sein. Bitte unterweist mich in Eurer Weisheit und lehrt mich das Leben zu verstehen.«

Der blinde Mönch nickte langsam und sprach zu ihm: »So sei es! Da ich blind bin, sollst du ab sofort meine Augen sein – was siehst du?«

Der als neuer Schüler Auserkorene lachte und sprach: »Ich sehe meinen Lehrer vor mir sitzen.« Da der Meister keine Miene verzog und ihm nicht antwortete, überlegte der Schüler seine Antwort. Er blickte tiefer in seine Umgebung. »Wir sitzen zusammen in einem wunderschönen Garten mit vielen Blumen und exotischen Büschen und Pflanzen. Das Gras ist dunkelgrün und saftig. Vögel zwitschern in den Ästen eines großen, alten Kirschbaumes. Die violetten Blumen darunter duften lieblich. Mehrere Schmetterlinge tanzen in der milden Frühlingsluft und vor uns sprudelt ein Quellstein frischen Wassers aus dem Inneren des Berges in ein kleines Bächlein. Es ist ein Ort des Friedens.«

Der weise Mann nickte und forderte ihn weiter: »Was lernt dein Geist daraus?«

Der Schüler blickte sich erneut im Garten um und entgegnete ihm: »Ich bewundere die Vielfalt der Pflanzen und der Geschöpfe. Ich sehe nun die Harmonie der Natur und bemerke die Ruhe in mir.«

Der Lehrer sprach: »Deine Augen und dein Geist sehen gut, aber was erkennt deine Seele?«

Nach einer Bedenkpause erwiderte der Schüler: »Wenn ich nicht bewusst im Hier und Jetzt lebe, bringe ich mich um den Genuss und die Erfahrungen der Gegenwart. Die Seele kann die Gefühle der Umgebung erfassen. Lass ich mir Zeit, um den Moment zu erfassen, dann geht die Energie des Ortes auf mich über und stärkt so meine Kräfte. Ich danke Euch für diese Lektion. Ab jetzt werde ich intensiver das Leben um mich herum wahrnehmen und daraus lernen.«

Da lächelte der Meister und nickte wissend: »Siehe das Wasser des Lebens, welches aus dem Schoße der Mutter Erde entspringt. Dies ist die Quelle des Lebens. Gehen wir nun auf die Reise und sehen, was uns der Weg weisen wird.«

Der Schüler half dem blinden Mönch aufzustehen. Zusammen folgten sie dem Fluss des Wassers. Der kleine Bach plätscherte über kleine und größere Steine Richtung Gartenmauer. Dahinter befand sich eine Feuchtwiese. Der kleine Bach wurde von dem Wasser der Wiese gespeist und wuchs so langsam zu einem größeren Bach. Da fragte der weise Lehrer seinen Schüler: »Halte kurz ein und sage mir, was sehen deine Augen?«

Dieser antwortete ihm: »Aus der Quelle entsprungen ist ein

kleines Bächlein, das wir noch vor Kurzem mit einem einfachen Schritt überwinden konnten, welches nun zu einem großen Bach angewachsen ist.«

Der Lehrer fragte weiter: »Deine Augen sehen gut, aber was sieht dein Geist?«

Nachdenklich antwortete der Schüler: »Das Leben entspringt als Quelle aus dem Bauch der Natur. Seine Lebenskraft ist schwach. Der kleine Bach kämpft um seine Existenz, aber sein Wille zu überstehen ist groß. Er droht zu versickern. Doch er vertraut, dass sein Leben nach der nächsten Biegung nicht im Sande verläuft. Das Gefälle des Berges zieht ihn in Richtung Tal. So hat der kleine Bach keine Wahl, er muss sich der Gewalt der Anziehungskraft beugen. Er umspült die Steine. Gespeist durch sein Umfeld, bekommt er mehr Energie und wächst so zu einem größeren Bach heran.«

Der alte Mönch bejahte, wollte aber noch mehr von seinem Schüler wissen: »Und was sieht deine Seele?«

Der Schüler horchte in sein Innerstes und sprach langsam und bedächtig: »Das Leben ist Veränderung: Das gesamte Universum, jeder Stein und jeder Mensch unterliegt diesem Naturgesetz. Nichts bleibt, wie es ist. Ich bin auf der Welt, um mich zu verändern und mich weiter zu entwickeln. Was nicht wächst, ist tot. Der Glaube und die Hoffnung auf ein gutes Ende geben mir die Kraft, scheinbar unüberwindbare Barrieren zu bewältigen. Auch meine Seele kann im Sand versickern. Die Natur und das Umfeld stärken meine Kräfte, speisen mich mit Energie und helfen mir, dass ich auf meinem Lebensweg weiterkomme. Ich werde nun die Hindernisse des Lebens mit anderen Augen sehen. Mit diesem Wissen beschenkt, werde ich dankbar dem Ziel meiner Weiterentwicklung mit Hoffnung und Glauben entgegengehen.«

Die beiden wanderten am Ufer des Baches entlang weiter. Immer wieder vereinigte sich der Bach mit weiteren kleinen Bächen und so sahen die Wanderer, wie aus dem Bach ein Fluss wurde, der immer größer und mächtiger anschwoll. Sie kamen an einen Steg, an dem mehrere kleine Ruderboote angebunden waren. Diese kleinen Boote aus Holz verbanden das Kloster mit der Außenwelt.

Der Schüler fragte den Lehrer: »Meister, können wir nicht eines der Boote besteigen, damit unsere Reise schneller und bequemer wird?«

Der Mönch entgegnete ihm: »Wenn mich deine Zusammenfassung der vergangenen Etappe zufriedenstellt, so können wir im Boot weiterreisen.«

Der Schüler holte tief Luft und begann zu erklären: »Der Bach hat durch das Einmünden und das Vereinigen mit anderen Bächen an Größe gewonnen und ist zu einem Fluss angewachsen. Man kann den Boden nicht mehr erkennen. Die Strömung ist schneller geworden und die Kraft des Wassers ist gestiegen. Als geistigen Nutzen ziehe ich daraus: Am Beginn wurde das Bächlein und somit sein Lauf von den Steinen geformt. Es war seiner Umwelt ausgeliefert. Nun, nach der Entwicklung zum Fluss hat er die Macht, Steine und Ufer zu verändern. Er bietet Raum für Leben. Je tiefer und breiter der Fluss ist, desto stärker ist seine Kraft. Meine Seele erkannte: Ich muss immer in Bewegung sein, mir ständig neues Wissen aneignen und stets eifrig lernen. Dadurch wachse ich innerlich. Je größer mein Wissen und meine Erfahrungen sind, desto mehr Macht habe ich, mich und mein Umfeld zu verändern und zu formen. Ich muss stets für alles und für jeden offen sein. Je tiefer und breiter mein Wissen ist, desto leichter kann ich die Zusammenhänge des Lebens erfassen und desto stärker ist meine Lebenskraft. Kraft bedeutet Leben. Mein Ziel ist es, einen großen und tiefen Geist sowie eine große und tiefe Seele zu entwickeln.«

Sie bestiegen eines der kleinen Boote. Der Schüler begann ruhig und gleichmäßig zu rudern, und so reisten sie nun bequem den Fluss entlang. Die Sonne stand am höchsten Punkt. Ab und zu tauchte ein Felsen vor ihnen auf, dem der Schüler geschickt ausweichen konnte. Er steuerte das Boot in die Mitte des Flusses. Dort konnte er die Strömung des Flusses ausnutzen und so schneller vorankommen. Ständig änderte sich das Uferpanorama. Zuerst türmten sich noch hohe Felswände an den Seiten, welche sich nach und nach in dichte Wälder verwandelten.

An mehreren Stellen hatten sie sogar Stromschnellen zu durchqueren. Hier musste der Schüler gut aufpassen, dass das Boot nicht an den Steinen zerschellte. Danach wurde der Fluss wieder ruhig und friedlich. Es verging einige Zeit, als der blinde Mönch fragte: »Schüler, was sehen deine Augen?«

Der Schüler unterbrach das Rudern und antwortete seinem Meister: »Es ist ein wunderschöner Tag. Die Sonnenstrahlen wärmen angenehm meinen Körper und meine Seele. Ich rieche den Duft des Wassers. Das kleine Boot lässt sich gut durch die Strömung steuern und die Fahrt geht flott voran. Sehr interessant sind die ständig wechselnden Landschaftsbilder. Die Menschen, welchen wir begegneten, haben uns freundlich gewunken.«

»Was sieht dein Geist?«, fragte der Meister.

Und sein Schüler antwortete ihm spontan: »Ich habe stets den Verlauf des Flusses wahrzunehmen. Damit das Boot den sichersten und schnellsten Weg findet, muss ich immer wieder den Kurs ändern und anpassen. Ich darf nicht zu nahe an das Ufer kommen. Dort sind gefährliche Steine, Untiefen und Wasserstrudel, an welchen das Boot Schaden nehmen könnte. Ich trage die Verantwortung. Gegen die Strömung zu rudern vermag ich nicht sehr lange, da mich dies sehr viel Kraft kostet. Am ruhigsten und einfachsten ist die Mitte des Flusses. Hier nutze ich die Strömung. So verbrauche ich keine Kraft beim Rudern, da ich das Boot treiben lassen kann.«

Der Meister nickte und fragte weiter: »Sage mir, was erkennt deine Seele im Verlauf unserer Reise?«

Darauf antwortete der Schüler: »Mein Leben gleicht diesem Fluss, denn ich muss vorausschauend mein Boot durch das Gewässer des Lebens lenken und mich vor den Steinen und Untiefen in Acht nehmen. Allzeit des Augenblicks bewusst. Gegen die Strömung des Lebens zu rudern ist nicht ratsam, da dies zu viel Energie verbraucht. Ich muss meine Kräfte klug einsetzen. Falls ich mich verausgabe, drohe ich an den Felsen zu zerschellen. Das wäre mein Untergang. Wenn ich mein Leben in Harmonie fließen lassen will, muss ich mich der Strömung hingeben und diese ausnutzen. Die Flussmitte ist ruhig und sicher. Ich spare dort meine Kräfte und erreiche doch am schnellsten mein Ziel. Ich bin ausgeruht und frisch. Auch wenn mich mein Weg durch Stromschnellen des Lebens führt, so kann ich sicher sein, dass mein Lebensfluss sich wieder beruhigt und friedlicher wird.«

So fuhren sie eine Weile weiter. Als die beiden an eine Gabelung des Flusses kamen, sprach der Schüler zum Lehrer:

»Meister, vor uns gabelt sich der Fluss. Ich habe gehört, dass der linke Flussarm an einem wunderschönen Natur- schauplatz vorbeiführen soll. Dieser Ort ist voller Harmo- nie. Dieser Weg ist zwar ein Umweg und schwieriger zu ru- dern, aber der Abstecher lohnt sich sicherlich. Wie sollen wir uns entscheiden?«

Der Meister hob beide Hände und antwortete ihm: »Die Entscheidung liegt in deinen Händen, da beide Wege am Ende zum selben Ziel führen.«

Der Schüler lenkte in den Nebenarm des Flusses. Sie muss- ten einige Strudel überwinden und einige Klippen um- schiffen, bis sie endlich an einem atemberaubend schönen Wasserfall kamen.

»Meister, hört Ihr dieses Tosen? Es stammt von einem gro- ßen Wasserfall, der sich donnernd in den Fluss ergießt. Der Anblick ist so herrlich. Von hohen, grünen Klippen stürzt sich das Wasser brodelnd in die Tiefe und schäumend quillt es wieder an die Oberfläche. Die Sonne lässt das fal- lende Wasser in einem goldenen Licht erstrahlen und zeichnet in die aufspritzenden Wassertropfen einen leuch- tenden Regenbogen. Dies ist ein Anblick voller Kraft und Harmonie. Ich werde diesen Anblick tief in meinem In- nersten verwahren und mich mein ganzes Leben immer daran erinnern.« Sie verweilten einen kurzen Moment. Dann trugen sie die Wogen des Flusses weiter und es wurde ruhiger um sie herum.

Der Nebenarm vereinigte sich wieder mit dem Hauptfluss.

»Meister, ich bin voll des Dankes für die Möglichkeit, die- ses Schauspiel erlebt haben zu dürfen.«

Der Lehrer antwortete: »Dies war allein deine Entschei- dung, die uns zu diesem Erlebnis führte.«

Der Schüler schwieg eine Weile und begann dann zu philosophieren: »Meister, ich stehe täglich vor vielen Weggabelungen. Es ist immer meine eigene Entscheidung, welchen Weg ich einschlage. Ich trage die Verantwortung für mich. Am Ziel angekommen, bin ich das Ergebnis meiner Entscheidungen, die ich auf dem Weg getroffen habe. Meistens wähle ich den einfachsten Weg. Wenn ich nie etwas Neues wage, werde ich auch nichts erleben und keinen Gewinn daraus ziehen. Ich würde mich nicht weiterentwickeln. Hätte ich mich vorher für den einfacheren Flussarm entschieden, würde ich mich um dieses Erlebnis betrogen haben. So bin ich um eine Erfahrung reicher. Ich habe dieses Bild des goldenen Wasserfalls in meinem Herzen gespeichert und kann es jederzeit wieder neu erleben. Niemand kann mir dieses Erlebnis nehmen. Von nun an werde ich vor jeder Entscheidung bewusst überlegen, welcher der Wege mich in meiner Entwicklung weiterbringt. Jede Chance des Lebens will ich nutzen.«

Der weise Mönch lächelte zufrieden und sagte: »Es dauert nicht mehr lange und wir sind am Ziel unserer Reise angekommen. Leider werden sich dann unsere Wege trennen.«

Dies stimmte den Schüler sehr traurig. Gerne würde er mit dem blinden Meister noch viele Tage verbringen, um von ihm zu lernen. Bald darauf sahen sie ein Kloster vor sich. Der Schüler steuerte das Boot an den Steg und führte den blinden Mönch vor das Klostertor.

»Was sehen deine Augen?«, fragte der Lehrer seinen Schüler und zeigte in Richtung Fluss.

Dieser antwortete: »Der Fluss ist majestätisch groß geworden und mündet hier in das weite Meer. Viele Schiffe schwimmen rege auf und ab. Am Fluss haben Menschen ihre Häuser gebaut, und es herrscht ein reges Treiben am Ufer. Langsam senkt sich die Sonne hinter dem Horizont. Glutrot werfen die Wolken die letzten Strahlen der Sonne zurück und tauchen das Kloster in ein magisches Abendlicht.«

Der Lehrer fragte weiter: »Was kann der Geist meines Schülers in diesem Fluss des Lebens erkennen?«

Der Schüler verharrte kurz und antwortete: »Was einst an der Quelle als kleines Bächlein begonnen hat, entwickelte sich zu einem mächtigen, großen Strom. Der Fluss hat sein Schicksal erfüllt. Was heute Morgen noch quirlig lebendig und doch sehr zerbrechlich war, ist nun eine majestätische Erscheinung voller Kraft geworden. Hier vereinigt sich der Fluss mit dem Meer. All seine Wasser und Energien fließen in ein ganzheitliches Großes und verbinden sich mit der Unendlichkeit des Meeres.«

»Und was sieht deine Seele?«, wollte der weise Mann ein letztes Mal von seinem gelehrigen Schüler wissen.

»Ich bin dankbar für die Reise. Mein Körper ist zwar müde, doch mein Geist und meine Seele sind hellwach. Ich spüre die Harmonie in meinem Herzen. Ich sehe das Entstehen meines Lebens aus der Quelle des Lebens, bis zu meinem Ende in der Vereinigung mit dem Großen als Akt der universellen Liebe der göttlichen Macht. Ich glaube, nun das Leben erkannt zu haben. Ich bin dankbar und voller Vertrauen und Zuversicht.«

Auch der Lehrer war ergriffen und sprach zu ihm: »Viele Menschen benutzen täglich den Weg, welchen du heute bereist hast. Doch die wenigsten haben die gleiche Weisheit erlangt. Ich danke dir für deine Begleitung und möchte dir noch einen letzten Gedanken auf deinen weiteren Lebensweg mitgeben. Diesen sollst du stets beherzigen. Sei dir deiner Umgebung, deiner Gedanken und deiner Handlungen in jedem Moment des Lebens bewusst. Die Harmonie des Lebens liegt im JETZT!«

Mit diesen Worten trennten sich Lehrer und Schüler. Beide konnten voneinander lernen, dass der Weg das Ziel ist, und alle sind Reisende auf dem Fluss der Erkenntnis.

(von Marcel Egger, aus »Energie der Harmonie«)

Schlussgedanken

Mit dieser letzten, sehr tief inspirierenden und motivierenden Geschichte geht auch diese Reise des Buches zu Ende. Ich hoffe, die Geschichtensammlung hat Dir gefallen, und Du konntest Deine eigenen Weisheiten sammeln. Wenn Du stets mit offenen Augen durch die Welt gehst, hellen Geistes und freier Seele bist, wenn Du voller Aufmerksamkeit im Hier und Jetzt lebst und dabei den stetigen Fluss des Alltags kurz anhältst, dann erfasst Du den Augenblick und gewinnst an Erfahrungen. Sei Dir Deiner Gedanken und Handlungen stets bewusst.

Jeder Mensch trägt eine Aura um sich, je nachdem wie die Richtung seiner Gedanken ist – entweder Erfolg oder Misserfolg. Wer durch gefühlsstarkes, positives und optimistisches Denken unaufhörlich seinen Geist anregt, dem werden die Erfolge sprichwörtlich zufliegen. Durch beharrliche Bejahung des Gelingens wird man die Dinge, Umstände, Mittel und Menschen anziehen, die zur Verwirklichung der Bejahung führen. Denke stets positiv. Nur so handelst Du auch positiv und ziehst damit positive Energien an. Die Macht der Gedanken ist nicht erst in unseren Tagen neu entdeckt worden. Sie ist nur den meisten Menschen nicht bewusst. Es ist eine Macht, die Dir helfen kann, alles anzuziehen, was Du Dir wünschst.

Wünsche Dir, Dich weiterzuentwickeln, und sei offen für Veränderungen. Das Leben selbst ist Veränderung. Nichts bleibt so wie es ist, und alles wird sich weiterentwickeln. Habe Vertrauen und sei stark. An den Überwindungen der Hindernisse des Lebens wirst Du stärker und wächst daran.

Durch stetiges Lernen und Sammeln von Erfahrungen wächst Dein Geist und Deine Seele. Deshalb sei für alles offen. Wie oft höre ich in Seminaren: »Das kenne ich schon.« Und wie oft muss ich erleben, dass die, die dies äußerten, die Erfolglosesten waren. Diejenigen aber, die sich offen gegenüber Altbewährtem und Neuem zeigten, waren die, die als Gewinner hervorgingen.

Du erreichst Deine Ziele spielerisch leicht, weil Du das Leben fließen lässt. Es ist wie die ruhige Mitte des Flusses, in der man die Kraft der Strömung nutzen kann. Das Universum zeigt Dir, dass alles möglich ist. Gegen den Fluss zu schwimmen, macht schnell müde und Du drohst zu versinken. Fließe einfach mit dem Leben. Konzentriere Dich auf Deine Ziele und lasse Dich von der Strömung tragen.

Vor allem aber sei dankbar. Dankbar für dieses wundervolle Leben und seine unendlichen Entfaltungsmöglichkeiten. Vertrauen dem tieferen Sinn in Deinem Leben und der universellen Liebe.

Ich wünsche Dir auf Deinem weiteren Lebensweg maximale Erfolge in all Deinen Lebensbereichen und die Erfüllung all Deiner Träume und Visionen!

Alles Liebe

Dein
Alexander S. Kaufmann

Wer ist Alexander S. Kaufmann?

Authentisch, kraftvoll und kompetent: Das ist Alexander S. Kaufmann. Als Mutmacher, Autor, Ausdauersportler und erfolgreicher Unternehmer steht der Umsatzmotivator für: »UmsatzPOWER, und DreamPOWER mit BeGEISTerung, die beWEGt!«. Jeden bringt der Vollblutunternehmer zielgerichtet und durch seine mitreißende Persönlichkeit an die Spitze. Um den ganz persönlichen Durchbruch zu erreichen, gibt Alexander S. Kaufmann jedem Menschen zahlreiche Werkzeuge an die Hand. Lasse Dich vom Erfolgsspezialisten inspirieren zu MEHR – mit Deinem Quantensprung zum persönlichen und beruflichen Durchbruch! 30 Jahre als selbstständiger Unternehmer und Vertriebsmann aus Leidenschaft fordern Herz und Verstand zugleich. Mentale Stärke, Mut, Selbstbeherrschung und über das eigene Selbst hinauswachsen, um Großes im privaten wie beruflichen Leben zu erreichen, das ist für jeden von uns möglich und machbar. Zielgerichtet das eigene, volle menschliche Potential ausschöpfen, dafür steht Alexander S. Kaufmann mit seinem gesamten Tun und seiner Erfahrung für Dich ein. Mache aus Deinem Leben ein persönliches Meisterwerk!

Ein guter Anfang braucht BEGEISTERUNG – ein gutes Ende Disziplin.

Jürgen-Höller-Stiftung

Noch immer sterben jährlich 5 Millionen Kinder in der dritten Welt den Hungertod. Diese Zahl ist erschreckend hoch und eine einzelne Spende mag auf den ersten Blick nur wie ein »Tropfen auf den heißen Stein« erscheinen, doch viele Tropfen auf einen heißen Stein kühlen diesen auch ab.

Wenn jede Familie, die in einem der privilegierten Länder lebt und über ein gutes Einkommen verfügt, regelmäßig einen kleinen Betrag spendet, muss kein Kind auf dieser Erde sterben ...

Kindern eine Zukunft stiften!

Schon seit vielen Jahren engagiert sich Jürgen Höller für Kinderhilfe. In der Vergangenheit unterstützte die Jürgen Höller Academy die Deutsche Kindernothilfe. 2013 wurde dann die Jürgen-Höller-Stiftung von Kerstin und Jürgen Höller gegründet und erstfinanziert. Ziel und Zweck der Stiftung ist es, Kindern in der dritten Welt Bildung und somit eine Zukunft zu ermöglichen. Derzeit bauen sie Schulen in sozialen Brennpunkten Afrikas.

Hilfe zur Selbsthilfe!

Es werden ausschließlich solche Schulprojekte unterstützt, die nach der Fertigstellung des Schulbaus auf eigenen Beinen stehen können, weil entweder die Regierung den laufenden Unterhalt garantiert, und/oder die Eltern ihren Obolus dazu beitragen. Die Kinder lernen lesen, rechnen und schreiben – und werden dadurch dem negativen Kreislauf, in dem Armut Armut erzeugt, entrissen – oder um es durch eine Metapher auszudrücken: Man zeigt den Hungrigen wie man fischt, damit sie sich selbst ernähren können, anstatt ihnen nur einen Fisch zu geben.

Mit bestem Gewissen spenden!

Die Jürgen-Höller-Stiftung garantiert, dass JEDER GESPEN-DETE EURO zu 100 % den entsprechenden Projekten zugute-kommt. Alle anfallenden Kosten der Jürgen-Höller-Stiftung werden vom Ehepaar Kerstin und Jürgen Höller durch eigene Spenden getragen.

Dauerhaft Gutes tun!

Natürlich kann man die Jürgen-Höller-Stiftung mit einer Ein-malzahlung unterstützen, jeder Euro zählt und ist dankbar willkommen. Es gibt aber auch die Möglichkeit, eine feste mo-natliche Zuwendung als Dauerauftrag zu installieren. Dies hat für beide Seiten Vorteile. Der Spender kann mit einer festen monatlichen Summe klar kalkulieren und bekommt außer-dem jeden Monat das gute Gefühl, vielen Kindern auf ihrem Weg aus der Armut zu helfen. Die Jürgen-Höller-Stiftung kann mit festen monatlichen Zuwendungen viel besser langfristig planen.

Die Schulkinder freuen sich über jede Spende in ihre Zukunft unter der Bankverbindung:

Konto-Inhaber: Jürgen-Höller-Stiftung
IBAN: DE89 70120700 1641106941
BIC: OBKLDEMX
Oberbank AG, Linz, Zweigstelle Bayern

„Erfolg ist käuflich – Alexander S. Kaufmann kann man buchen!"
Ob bei Jahresauftakt-Veranstaltungen, Kick-offs, Kongressen oder Tagungen: Packende und mitreißende Vorträge aus der Praxis für die Praxis sind mit Alexander S. Kaufmann garantiert!

Weitere Informationen zu Alexander S. Kaufmann unter **www.UmsatzMotivator.de**

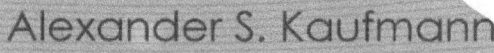

Alexander S. Kaufmann

Handle selbst – lebe jetzt!

Wirkungsvolle Prinzipien für ein
glückliches und erfülltes Leben

AUFSTEIGER
VERLAG

Der Bestseller **„Handle selbst – lebe jetzt!"** von Alexander S. Kaufmann führt
dich in alle wichtigen Prinzipien ein, die du benötigst, um dein Potential zu befreien
und die gewünschten Resultate zu erreichen. In kurzweiligen Episoden führt dich
dieses lesenswerte Buch von der **SELBSTERKENNTNIS** zur **SELBSTFÜHRUNG**
und über die **SELBSTVERANTWORTUNG** zur **SELBSTDISZIPLIN.**

Als Buch und Hörbuch erhältlich

Wer sehnt sich nicht nach Harmonie, Erfüllung, Glück und Erfolg? Doch woher kommen Harmonie, Erfüllung, Glück und Erfolg? Sie fließen wie aus einer unendlichen Quelle!

Alexander S. Kaufmann zeigt dir auf dieser CD wirkungsvoll auf, dass du durch richtiges Denken dein Leben richtig lenken kannst. Harmonie, Erfüllung, Glück und Erfolg in den Gedanken ist Harmonie, Erfüllung, Glück und Erfolg im Leben! Und in dem Maße, wie der Mensch sich dieser einströmenden Kraft öffnet, empfängt er vermehrt diese wunderbaren Energien. Lerne dich dieser Kraft zu öffnen, denn was der Mensch fühlt, denkt und spricht, das zieht er an. Und öffne dich dieser unendlichen Quelle, so empfängst du so viel Erfolg und Harmonie, und damit geistige Kraft, um deine Angst zu verlieren, den Sinn zu finden und dein Schicksal zu entfesseln!

**ÖFFNE DIE SCHATZ-
KAMMER DEINER
GRENZENLOSEN
ENERGIE**

ALEXANDER S. KAUFMANN

JÜRGEN HÖLLER
ACADEMY

Was wäre, ...
...wenn DU DEIN volles, menschliches Potential befreien würdest?
...wenn DIR klar wird, wie DU DEINE Kräfte am besten einsetzen könntest?
**...wenn DU einfach wüsstest, wie DU DEINE physische und mentale Energie in
allen Lebensbereichen steigern könntest?**

Das, was Menschen energiegeladen, tatkräftig und motiviert sein lässt, ist einerseits ein komplexes Zusammenspiel verschiedener Faktoren, andererseits aber ein beherrschbarer Mix von Methoden, gezielt gesetzten Gewohnheiten, Routinen und Qualitätsbewusstsein.

Gleichgültig, ob eine Prüfung bevorsteht, ein wichtiges Meeting oder schwierige Verhandlungen, ob der Alltag nagt oder Unvorhergesehenes geschieht – es gibt einfache und wirkungsvolle Techniken, solche Situationen gut zu bestehen und immer wieder Perspektive zu gewinnen.

Du erfährst in diesem inspirierenden, motivierenden und humorvollen Vortrag:

- Wie Du dauerhaft mehr im Leben (Privat & Beruf) erreichst!
- Wie Du innerhalb von nur 12 Monaten 60 % mehr leisten kannst!
- Wie Du Deine Potentiale beFREIst und ResulTATe erREICHst!
- Warum Kontinuität immer Intensität schlägt!

Alexander S. Kaufmann's Geheimnisse des Erfolgs – der Zündstoff, um deinen persönlichen Durchbruch zu erreichen.

Für Lebensfreude und Lebenserfolg gibt es einen starken Motor – der nennt sich Motivation!
Und mit welchem Treibstoff wird dieser Motor befeuert? Seine Kraftquelle heißt Begeisterung!
Dieses 80-minütige Audioprogramm ist der Wegweiser für alle, die sich für ein außergewöhnliches Leben entschieden haben. Freue dich auf motivierende Impulse von und mit Alexander S. Kaufmann und tanke deine Energiereserven auf, um dauerhaft erfolgreich und begeistert zu sein.

Um erfolgreich zu werden, braucht es Mut!

Doch was unterscheidet die Menschen und macht sie glücklich oder unglücklich, gesund oder krank, optimistisch oder pessimistisch, euphorisch oder depressiv? Wie schaffen wir es, uns neu zu programmieren und was ist zu tun, um ein außerge-

wöhnlich erfülltes Leben zu führen? In diesem begeisternden Video-Seminar entschlüsselt Alexander S. Kaufmann praxisnah und erlebnisreich die Geheimnisse des Erfolgs und präsentiert Antworten auf die Frage:

Erfolg und Glück - ein Leben lang?

Die Aufgabe dieser UmsatzPOW-ER-Box besteht nicht darin, dich zu belehren, wie du die Schlüssel zu einem besseren Leben finden kannst. Bedauerlicherweise können die Geheimnisse des Erfolges nicht gelehrt werden, man muss sie durch eigene Erfahrungen selbst entdecken. Diese UmsatzPOWER-Box wurde mit Bedacht so gestaltet, dass du selbst diese bedeutungsvollen Entdeckungen machst Doch Achtung – nicht REDEN sondern HANDELN. Denn um zu ResulTATen zu gelangen, ist es notwendig, zu HANDELN, es zu TUN, MACHEN, UMSET-

ZEN! Nicht umsonst kommt von UMSETZEN das Wort UMSATZ!

Die Konzepte, Strategien und Techniken, die du in diesem DVD-Seminar kennenlernst, werden dir mehr Motivation, mehr Umsatz und mehr Lebensqualität ermöglichen. Du wirst neue Möglichkeiten eröffnen und du wirst nach dem durcharbeiten bestimmt deine Wirklichkeit/Realität ganz bewusst hinterfragen. Doch was noch viel wichtiger ist, ist dieses Wissen auch in die Tat umzusetzen – **vom KENNER zum KÖNNER** zu werden!